Rita Mohr

# Kursbuch Existenzgründung

Der erfolgreiche Weg in die Selbstständigkeit



Fischer
Taschenbuch
Verlag

Lektorat: Martin Rethmeier
Redaktion: Felix Rudloff

Originalausgabe
Veröffentlicht im Fischer Taschenbuch Verlag GmbH,
Frankfurt am Main, September 2000


Satz: Fotosatz Otto Gutfreund GmbH, Darmstadt
Druck und Bindung: Clausen & Bosse, Leck
Printed in Germany
ISBN 3-596-14243-1

*Unsere Adresse im Internet: www.fischer-tb.de*

**Über dieses Buch**

Noch nie zuvor standen Existenzgründer so im Mittelpunkt des öffentlichen Interesses wie heute. Sie werden von den Medien gefeiert und von den Politikern ermuntert – und dies nicht nur in Festreden, sondern mit immer neuen Förderprogrammen. Dennoch arbeiten gerade neun von 100 Erwerbstätigen selbstständig. Deutschland bildet damit das Schlusslicht in der Europäischen Union. Eine neue Gründerwelle würde die volkswirtschaftliche Situation in diesem Land verbessern, zumal jeder Existenzgründer im Durchschnitt vier Arbeitsplätze schafft. Dieses Buch gibt Ihnen einen Überblick auf das gesamte Gründungsthema. Von der pfiffigen Gründungsidee des Einzelgründers über das Ausgliedern eines ganzen Firmenzweiges (Outsourcing) bis hin zur Geschäftsübernahme durch die bisherigen Chefs (Management-Buy-Out): Es werden unterschiedliche Wege in die Selbstständigkeit nachgezeichnet und auf Herz und Nieren geprüft. Dabei wird ein besonderes Schwergewicht auf den Geschäftsplan (Business Plan) und das Marketing gelegt, ohne deren sorgfältige Planung das Projekt schnell scheitern kann. In einem umfangreichen Anhang werden alle wichtigen Anlaufstellen mit ihren Anschriften sowie viele nützliche Internet-Adressen präsentiert.

**Die Autorin**

Rita Mohr ist freie Wirtschaftsjournalistin und schreibt regelmäßig für Tageszeitungen und Wirtschaftsmagazine.

# Fischer Wirtschaft

Herausgegeben von
Prof. Dr. Dr. h.c. Bert Rürup

# Inhalt

# Vorwort

Dieses Buch richtet sich an alle, die überlegen, ob sie sich selbstständig machen sollen, und wissen möchten, was dabei auf sie zukommt. Dank der gebetsmühlenartigen Appelle unserer Politiker denken derzeit viele darüber nach. Deshalb sprechen wir vor allem jene an, die sich ihre Messlatte niedrig legen wollen: Mit geringem Startkapital in den Dienstleistungssektor einsteigen – das verspricht auf den ersten Blick gute Chancen bei überschaubarem Risiko.

Doch von Oberflächlichkeiten werden wir uns lösen. Punkt für Punkt gehen wir alle Fragen durch, denen sich Existenzgründer stellen sollten. Frauen gehören für uns selbstverständlich dazu, im Sinne der besseren Lesbarkeit möchten wir Ihnen jedoch das angehängte »Innen« ersparen. Dafür hoffen wir auf Ihr Verständnis.

Wir werden nicht in den Chor derer einstimmen, die aus ihren Beamtensesseln heraus zur Selbstständigkeit ermutigen. Stattdessen wird Sie die Autorin, seit knapp zehn Jahren selber selbstständig, zum Evaluieren anhalten: Bewerten Sie Ihre Gründerqualitäten, Ihre familiäre und finanzielle Ausgangssituation, Ihre Geschäftsidee, Ihre Gründe und Ziele. Damit geht es los.

Keiner muss dadurch von seinem Vorhaben abkommen. Nur blindwütig darauf zuhalten lassen wir niemanden. Oft entscheidet der Feinschliff über Erfolg oder Misserfolg. Nicht nur der Teufel steckt im Detail, sondern auch der geschäftliche Segen.

Breiten Raum gibt dieser Ratgeber dem Thema Marketing. Denken Sie bloß nicht, dass Sie davon nichts verstehen müssen, nur weil Sie kaum Geld dafür haben. Sie werden staunen, was alles Marketing ist, wie es überall mit hineinspielt und wie es mit wenig Mitteln viel bewirken kann. Gekonntes Vermarkten ist die halbe Miete, manchmal die ganze. Die Autorin, jahrelang Fachjournalistin im Marketingbereich, trimmt Theorie und Praxis auf die Bedürfnisse des vorsichtigen Existenzgründers zurecht.

Auf diese Bedürfnisse hin ist das gesamte ›Kursbuch Existenzgründung‹ ausgerichtet. Es soll ein Wegbegleiter sein, der den Lesern einen ersten Gesamtüberblick gibt und später Schritt für Schritt begleitet. Beim Aufbau des Buches beriet Dr. Konrad Zipperlen von der Industrie- und Handelskammer für München und Oberbayern, einer der profiliertesten Berater für Existenzgründer. Wir danken ihm für seine Mithilfe. Ebenso danken wir Diplom-Kaufmann Horst Steger, der die Autorin bei ihrer Arbeit unterstützte, sowie der Redaktion der *Süddeutschen Zeitung* – insbesondere dem Redakteur Marc Hoch.

Wenn Sie Fragen oder Vorschläge haben, schreiben Sie an den Verlag. Berichten Sie uns, wenn Sie sich mit Hilfe unseres Ratgebers selbstständig gemacht haben und wenn Ihnen dieses oder jenes Kapitel besonders genutzt hat. Wir freuen uns auf Ihre Zuschriften.

# Der Weg in die Selbstständigkeit

## Persönliches

Schon mit sechzehn beschloss ich, dass ich mich einmal selbstständig machen würde – und zwar spätestens bis dreißig. Ich wusste nur nicht als was. Etwas anderes als ein Selbstständigendasein konnte ich mir für mich nicht vorstellen. Vielleicht lag es an dem Nachbarn, dessen Geschäftsidee – Automatenverkauf – damals so viel Geld einbrachte, dass er wegzog in ein großes Herrschaftshaus mit Park- und Dienstbotenhäuschen. Oder es lag an der Schneiderin von schräg gegenüber, die wundervolle Schnitte entwarf und ihre Zeit nach Belieben einteilte.

Im Angestelltenleben ging es anders zu; das wusste ich. Als Ferienaushilfe hatte ich schon hineingeschnuppert. Da lief alles im Zeittakt, und jeder erschien mir wie ein Rädchen im Getriebe. Schon die Gesichtskontrolle beim Pförtner störte mich. Und dass alle nur stur ihr streng abgestecktes Gebiet bearbeiteten, gefiel mir ebenso wenig.

Meinen Wunsch nach Selbstständigkeit verdanke ich jenen Eindrücken in meiner Jugend und dem Vorbild meines Vater. Schon als Angestellter fragte er nie nach dem Feierabend. Er arbeitete solange, wie es sich ergab für ihn als Schadensinspektor einer großen Versicherung. Frau und Kinder bezog er in sein Arbeitsleben ein. Wir sahen ihn nach seinem Außendienst der Mutter die Berichte diktieren und rechneten ihm ein paar Zahlen nach. Das gehörte zu meiner Kindheit.

Deshalb fiel es ihm leicht, sich im Nebenerwerb eine Versicherungsagentur aufzubauen. Er strotzte vor Einsatzfreude, schaute nicht nach der Uhr und durfte auf den vollen Rückhalt in seiner Familie vertrauen. Diese Voraussetzungen für den Eintritt in die Selbstständigkeit waren erfüllt. Und ein paar Jahre später wagte er ihn.

Alle Kollegen meines Vaters blieben Angestellte. Als Schadensinspektoren genossen sie neben dem sicheren Einkommen die Freiheiten des Außendienstes. Das genügte ihnen. Mein Vater wollte mehr, und das lag an seinem Umfeld. Viele seiner Freunde und Bekannten waren in den fünfziger Jahren entweder Selbstständige oder Unternehmer geworden.

Diese Aufbruchstimmung wird heute schmerzlich vermisst. Auf die Arbeitslosenzahlen schielend, rufen die Politiker gebetsmühlenartig zu mehr Mumm auf. Dabei fehlen oft nur die Leitbilder. Wer ausschließlich mit Angestellten und Beamten verkehrt, sieht sich kaum zum freien Unternehmertum angefeuert. Umgekehrt kann aber eine Existenzgründung zur Nachahmung anregen. Zwei frischgebackene Jungunternehmerinnen berichteten, dass inzwischen jeder zweite im Bekanntenkreis nach brauchbaren Geschäftsideen suche.

Mein Bekanntenkreis gab wenig an Inspiration her. Nie vergesse ich den wochenlangen Versuch eines Segelfreundes, einen gemeinsamen Bekannten, Diplom-Ingenieur auf Stellensuche, für sein aufblühendes Gutachterbüro zu gewinnen. Der umworbene Mittdreißiger wartete lieber solange, bis er einen Vertrag von einem Großunternehmen bekam.

Durch meine Arbeit als Journalistin kam ich mit vielen Selbstständigen in Kontakt: freie Grafiker, Illustratoren, Autoren, die wie Stars in der Redaktion empfangen wurden. Sie schienen gut zu verdienen und ließen öfters durchblicken, dass sie nur für uns arbeiteten, weil sie uns mochten. Später kamen welche, die das Geld brauchten, das sie bei uns verdienten. Sie umwehte nicht der Hauch des freien Künstlertums. Ihnen war die Sorge um ihr Auskommen anzusehen.

Die Branche hatte begonnen, die Arbeit von den Angestellten auf die freien Mitarbeiter zu verlagern. Mancher wechselte den Status nicht ganz freiwillig, und das war ihm anzumerken. »Freelancer«

im Medienbereich zu sein war nicht mehr erstrebenswert. Meinen seit Kindertagen gehegten Wunsch, mich selbstständig zu machen, konnte das aber nicht umstoßen.

Inzwischen arbeitete ich mit freien Journalisten im Ausland zusammen. Diese Korrespondenten – frei vom deutschen Sicherheitsdenken – gaben den Ausschlag. Ein paar Jahre sah ich ihnen zu; dann wurde ich auch eine Korrespondentin. Zunächst im Nebenerwerb; doch der erste Schritt in die Selbstständigkeit war getan.

Neben Medien lagern auch andere Branchen Arbeit aus. Deshalb werden künftig mehr Angestellte mit Selbstständigen zusammenkommen als heute. Dank dieser Berührungspunkte wird ihnen die andere Form des Erwerbslebens nicht mehr so fremd erscheinen. Ob sie dann wirklich den Schritt in die Selbstständigkeit wagen, hängt nicht nur von ihnen persönlich ab.

Manche Existenzgründer wagen den großen Sprung auf sanften Druck hin – und landen deshalb auf dem Bauch. Einmal will ein Arbeitgeber die Personalkosten senken, das andere Mal die öffentliche Hand die Arbeitslosenzahlen. Diese Phänomene können auch das Gegenteil einer Gründungswelle bewirken. Schließlich entmutigen Pleiten nun einmal durch ihr schlechtes Beispiel.

Mein Vater blickte eines Tages vom Schreibtisch auf und fragte, »willst du das hier mal machen?« Ich brauchte nichts zu antworten; er sah meinen Blick und wusste Bescheid. »Ach, ja, du willst ja lieber kreativ arbeiten«, sagte er und fragte mich nie wieder. Es geht nicht allein darum, beruflich auf eigenen Füßen zu stehen. Vielmehr sollte jeder das, womit er sein Geld verdient, wirklich wollen. Für manche lässt sich das nur in der Selbstständigkeit erreichen. Wenn diese Erwerbsform von den gewünschten Inhalten getragen ist, kann einen kaum noch etwas davon abbringen. Ein ungünstiger Wandel des Images oder die abschreckenden Beispiele anderer schon gar nicht.

## Erwerbstätigkeit im Wandel

Wer in die Selbstständigkeit geht, braucht nicht zuletzt Mut. Meist verlässt man gesicherte Verhältnisse. Doch mit dem Rundum-sorglos-Paket des herkömmlichen Angestelltenlebens geht es ohnehin bald zu Ende. Jahr um Jahr verliert die unbefristete Vollzeitbeschäftigung an Boden. Teilzeitarbeiter, befristet Eingestellte, geringfügig Beschäftigte, Leiharbeiter, Heimarbeiter – darunter auch die »Computer-bewehrten« Telematiker – Scheinselbstständige holen in der Statistik auf.

Allein 1998 nahm die Teilzeitbeschäftigung um sechs Prozent zu; die Zahl der befristeten Verhältnisse stieg um 3,2 Prozent, während die der unbefristeten um 1,5 Prozent fiel. Dies belegen Ergebnisse des Mikrozensus vom Statistischen Bundesamt in Wiesbaden, der diesen Trend schon seit 1985 festhält. Seitdem sank der Anteil der unbefristeten Vollzeitarbeit bei den gesamten Erwerbspersonen um vier Prozent auf rund 51 Prozent. Ebenso schrumpft der Anteil der abhängig Beschäftigten. Sie stellen 31,9 Millionen Menschen im Erwerbstätigenheer von 35,8 Millionen. Fast vier Millionen Deutsche arbeiten demnach auf eigene Rechnung. Wenn nun das »Ende der Arbeitnehmergesellschaft« naht, liegt dies für das Institut für Arbeitsmarkt- und Berufsforschung (IAB) der Bundesanstalt für Arbeit in Nürnberg an der »anhaltend hohen Arbeitslosigkeit«. Sie treibt nicht wenige in die Selbstständigkeit, für ein halbes Jahr lang abgefedert durch Überbrückungsgelder des Arbeitsamtes. Außerhalb der Landwirtschaft stieg die Selbstständigenquote auf knapp zehn Prozent; der Zuwachs kam von den »Einzelkämpfern« – Selbstständige, die Leute beschäftigen, hielten sich bei der Fünf-Prozent-Marke.

Wie stark dabei die Scheinselbstständigkeit ins Gewicht fällt, kann das Institut nur schätzen. Danach dürften 179 000 bis 431 000 Menschen ihren Lebensunterhalt als Scheinselbstständige verdienen. Das kommt den Outsourcing-Tendenzen der Unternehmen entgegen. Statt für alle Tätigkeitsbereiche eigene Mitarbeiter zu beschäftigen, vergeben sie diverse Aufgaben nach draußen: an Firmen und Selbstständige mit Werkverträgen. Manche treiben dies aber auf die Spitze. Sie spannen ihre Selbstständigen derart ein, dass ihnen die Gewerkschaften ins Haus kommen. Das Arbeitsrecht erkennt auf Arbeitnehmer, sobald

- kein unternehmerisches Handeln zu erkennen ist,
- es nur einen einzigen Kunden gibt,
- üblicherweise Angestellte mit der Aufgabe betraut sind,
- die Tätigkeit dem vorangegangenen Verhältnis nahe kommt,
- kein versicherungspflichtiger Arbeitnehmer regelmäßig mitwirkt,
- bzw. drei dieser fünf Merkmale vorliegen.

Bei den Medien, Presse, Film, Funk und Fernsehen werkeln ganze Heerscharen von freien Mitarbeitern, die lohnnebenkostenfrei »auf Rechnung« ihren Dienst verrichten. Nicht wenige von ihnen mussten nach dem Einschreiten der Arbeitsrechtler eingestellt werden.

Doch es liegt nicht nur an den Arbeitgebern, wenn sich die neuen Erwerbsformen durchsetzen. Zwar bricht in den Industrieländern die Beschäftigung im produzierenden Gewerbe und in den Großbetrieben weg, und die neuen Arbeitsplätze entstehen meist in den kleinen Betrieben des Dienstleistungssektors, die flexibel auf Marktprozesse reagieren müssen. Auch diese wollen ihr »Personalrisiko« gering halten und beschäftigen befristet oder vergeben Werkverträge. Dabei dient die Arbeitslosigkeit laut IAB als »Push-Faktor«. Wer sich vor Augen hält, wie viele Menschen auf der Straße stehen, neigt eher dazu, dem Druck der Arbeitgeber nachzugeben. Berufsanfänger nehmen befristete Arbeitsverträge als Einstiegshilfe hin, mancher Wiedereinsteiger versucht sich nach längerer Arbeitslosigkeit als Leiharbeiter. Es geht nur darum, einen Fuß reinzubekommen.

Andererseits kommt es den Bedürfnissen vieler Menschen entgegen, dass sie nicht mehr auf unbefristete Vollzeitarbeit festgelegt sind und das Arbeitsleben eine Auswahl von Erwerbsformen bietet. Haushalt und Kinder zwingen einen oft dazu, beruflich zurückzustecken. Sogar ein Ehrenamt kann zum Kürzertreten veranlassen. Wer noch ein Vollzeit-Studium plant, unterschreibt gern einen befristeten Arbeitsvertrag. Zur Teilzeitarbeit neigt indessen, wer sich berufsbegleitend weiterbildet und Familie und Hobbys nicht hintan stellen lassen will. Andere möchten die Haushaltskasse aufbessern. So helfen ein Zweit-Job oder eine selbstständige Nebentätigkeit, so manches Haus abzubezahlen.

Viele entscheiden sich freiwillig für diese Erwerbsformen. Ob die Freiwilligkeit überwiegt, wie das IAB feststellt, sei dahingestellt. Es ist nicht zu verkennen, dass die Wirtschaft immer mehr Risiken auf die Erwerbstätigen verlagert, was einem zu einem gewissen Teil gefallen mag. Doch Sicherheitsfanatiker bleiben wohl lieber bei ihrem unbefristeten Vollzeitjob, solange es ihn noch gibt. Zwei Szenarien malen dic Arbeitsmarktforscher des IAB: Einmal dürften die Normalarbeitsverhältnisse durch neue Erwerbsformen weiterhin an Bedeutung verlieren. Zum anderen würden diese Normalarbeitsverhältnisse nach umfassenden Reformen unsicherer werden. Bei diesen Aussichten braucht es wohl nicht mehr ganz so viel Mut, um sich zur Selbstständigkeit zu entschließen.

**Fazit:** Das Rundum-sorglos-Paket des Angestelltenlebens ist ein Auslaufmodell. Die Alternativen zum unbefristeten Vollzeitjob sind im Vormarsch. Auch die Selbstständigen holen auf – insbesondere die Einzelkämpfer.

## Selbstständigkeit im Vergleich

Nicht jeder von uns hat die freie Wahl; aber so mancher fragt sich wohl, warum er den Aufrufen zu mehr Gründergeist folgen soll, wenn er doch genauso gut Beamter oder Angestellter werden könnte. Beim Beamten ist fast alles gesetzlich geregelt – sogar die Arbeitszeit. Das verspricht ein stressarmes Leben. Kein Beamter muss um mehr Gehalt kämpfen. Wieviel einer mehr bekommt, steht in Tabellen. Wer heute den Staatsdienst antritt, weiß bereits, was er in zehn Jahren verdienen wird und wieviel Urlaub ihm dann zusteht. Ungewissheiten gibt es da nicht; sie halten sich zumindest in Grenzen. Sogar die Pension kann sich der junge Beamte schon ausrechnen: 75 Prozent von der Gesamtbesoldung. Sozialversicherungsbeiträge zahlt er nicht. Vater Staat trägt Fürsorge für seine Diener.

Angestellte zahlen im Laufe ihres Lebens ein kleines Vermögen in die Sozialkassen ein. Nur wenn ihr Gehalt über den jeweiligen Beitragsbemessungsgrenzen liegt, bleiben ihnen die Beiträge erspart. Die Grenzen werden immer wieder heraufgesetzt. Wer nicht mithält, muss flugs zurück in die Versicherungspflicht. Dafür zahlt der Arbeitgeber mit in die Sozialkasse ein. Er trägt die Hälfte des Beitrags; die Unfallversicherung, zu der die Angestellten ebenfalls verpflichtet sind, bezahlt der Arbeitgeber ganz allein. Damit sind seine Angestellten in fast allen Lebenslagen abgesichert. Erkranken sie, läuft das Gehalt per Lohnfortzahlungsgesetz weiter. Und auch für den Urlaub gibt es Gesetze, das Mindesturlaubsgesetz mit den 24 vollbezahlten Tagen im Jahr. Durch Tarifverträge erreichen jedoch fast alle deutschen Arbeitnehmer einen Urlaubsanspruch von fünf bis sechs Wochen. Zu dem Quasi-rundum-sorglos-Paket gehört auch der Kündigungsschutz, der immer wieder ins Gespräch kommt, wenn gewisse Arbeitgeber zu frühkapitalistischen Strukturen zurück wollen.

Selbstständige sind ihr eigener Chef. Sie dürfen arbeiten, solange sie wollen, was bedeutet, dass sie meist mehr Stunden hinlegen als Beamte oder Angestellte. Urlaub, Freizeit und Familienleben können darunter leiden, müssen aber nicht. Denn manche Selbstständige nutzen ihre zeitliche Autonomie, um sich mehr Privatleben zu leisten. In den meisten Fällen sind Selbstständige stärker belastet. Keine Personalabteilung überweist ihnen ein monatliches Gehalt und führt brav die Sozialversicherungsbeiträge ab. Sie müssen nicht nur damit leben, dass sie über kein geregeltes Einkommen verfügen. Sie dürfen das Geld auch noch selber eintreiben. Selbstständige müssen Aufträge hereinholen, Verträge aushandeln, Rechnungen schreiben und nicht selten Mahnungen. Oft kommt das Geld erst Wochen nach abgelieferter Arbeit. Dafür müssen Selbstständige finanziell gepolstert sein.

Ein Polster brauchen sie auch für den Krankheitsfall. Sie müssen sich selbst versichern und auch ihre Altersvorsorge regeln. Selbstständige können es sich kaum erlauben, krank im Bett zu liegen. Der Laden muss weiterlaufen. Schon eine hartnäckige Grippe fegt einen vielleicht vom Markt. Denn dieser tritt an die Stelle des Arbeitgebers: der Markt bestimmt über das Leben des Selbstständigen – genauer, die Auftraggeber. Wenn sie nicht mehr wollen oder können, kommt dies einer Kündigung des Arbeitsplatzes nah. Wird ein Angestellter gekündigt, fängt ihn das Arbeitsamt auf. Selbstständige haben nur in bestimmten Fällen Anspruch auf Arbeitslosengeld oder Arbeitslosenhilfe. Beim Start erhalten sie Überbrückungsgeld und nach einer Aufgabe nur dann Arbeitslosenhilfe, wenn sie lang genug angestellt und früh genug die Selbstständigkeit wieder aufgegeben haben (Näheres dazu beim Arbeitsamt).

Selbstständige verdienen in vielen Fällen mehr Geld als Angestellte in vergleichbaren Berufen. Die Zeitschrift *DM* fügte einem Beitrag der Autorin eine Grafik bei, die so manchen Arbeitnehmer wohl erblassen ließ: Im Vergleich zweier kinderloser, lediger Männer stand der Selbstständige netto um 10 048 DM besser als der Angestellte, wenn der Arbeitgeber beiden im Jahr jeweils 97 500 DM zahlte (*DM* 2/96). Andererseits darf nicht vergessen werden, dass die Selbstständigen bei den Schuldnerberatern ein- und ausgehen. Viele Existenzgründer geben in den ersten fünf Jahren auf und müssen sich dann erst einmal entschulden. Nach Auskunft der auf gescheiterte Existenzgründer spezialisierten Beratungsstelle Julateg in Berlin liegt der durchschnittliche Schuldenberg bei 250 000 DM. Zudem ist ein Anstieg der Geschäftsaufgaben zu beobachten. Beispielsweise sieht der Förderverein Schuldnerberatung im Land Bremen von Jahr zu Jahr mehr gescheiterte Existenzgründer. Unter dem sanften Druck des Arbeitsamtes und gelockt mit Überbrückungsgeldern wagen sich die Gründer oft etwas zu hastig an den Start. In einem Jahr setzen sie dann ihre Geschäftsidee um. Bei »Durchschnittsgründern«, so das Institut für Mittelstandsforschung in Bonn, dauert die Vorbereitung zweieinhalb Jahre. Dieser Typus schafft nach Angaben des Instituts innerhalb der ersten Jahre zwischen drei und vier neue sozialversicherungspflichtige Arbeitsplätze. Überbrückungsgeld-Empfänger weisen demnach durchschnittlich einen halben zusätzlichen Arbeitsplatz aus.

Kleinstunternehmen mit einer Kapitaldecke von wenigen zehntausend DM bestimmen heute zahlenmäßig das Gründungsgeschehen. In den Sonntagsreden der Politiker dreht sich zwar alles um den frischen Wind, den die Gründer dem Standort Deutschland zufächeln sollen. Doch die Mehrzahl der Gründer beackert, so die Mittelstandsforscher, eher traditionelles als innovatives Gebiet. Fast sieht es so aus, als sei die Existenzgründung für viele eine Verlegenheitslösung oder der verzweifelte Ausweg aus der Arbeitlosigkeit. Doch wer auf eigenes Risiko arbeitet, hat sicherlich bessere Gründe. Man rechnet sich gewisse Chancen aus: auf mehr Einkommen, mehr Freiraum oder mehr Anerkennung. Das kommt meist auf die Ausgangslage an.

**Fazit:** Selbstständige arbeiten weniger fremdbestimmt als Beamte und Angestellte. Da sie ihr eigener Chef sind, müssen sie wie ein solcher für sich sorgen: Arbeit reinholen, Geld eintreiben und verbuchen, verhandeln, versichern und finanzieren. Wer kein Polster bildet, fällt schnell auf die Nase.

## Gründe der Gründer

Die einen träumen von der prachtvollen Firma. Sie wollen dort nicht Malocher, sondern Manager sein – und dies ganz allein, in amerikanischem Soziologen-Jargon »Owner-Controller« genannt. Manche streben eine Firma an, die so durchstrukturiert ist, dass sie sich das Management mit anderen teilen können – als »Owner-Director«, sozusagen. Andere planen bescheidener. Sie wollen Hand in Hand mit ihren Angestellten zusammenwirken. Den Bürokram erledigen sie nach Feierabend als sogenannte »Small Employers«. Wiederum andere wollen nur die eigene Arbeitskraft am Markt anbieten. Sie allein sind die Firma. Jemanden einstellen wollen sie nicht, auch wenn sich das später manchmal ergibt für einen »Self Employed« (Unabhängig Beschäftigten).

Alle vier Gründertypen hegen jedoch einen Wunsch: eigene Ideen umzusetzen. Wenn sie aus dem Arbeitnehmerleben kommen, haben sie da oft schlechte Erfahrungen gemacht. Entweder man bremste sie aus oder Gremien veränderten die Vorschläge bis zur Unkenntlichkeit. Nicht selten gibt sich ein Kollege oder Chef als Urheber fremden Gedankengutes aus. So erlebte die Autorin einen Chefredakteur, der allen Ernstes behauptete, dass sämtliche Innovationen in seiner Zeitschrift ausschließlich von ihm kämen. Erst als seinem Gedächtnis etwas nachgeholfen wurde, knickte er allmählich ein.

Viele Existenzgründer streben nach mehr Anerkennung. Größere Freiräume, mehr Gestaltungsmöglichkeiten, Platz für Kreativität und Innovation. Dies muss nicht allein der Frustration entspringen. Manche strotzen vor unternehmerischem Tatendrang oder sind fasziniert von einer tollen Geschäftsidee. Viele sagen sich zudem, dass sie als Unternehmer oder Selbstständiger besser verdienen und vielleicht schnell genug zu Geld kommen, um dann rechtzeitig zur Midlife-Crisis aussteigen zu können. Geld ist nicht immer der schlechteste Anreiz. Darüber hinaus muss es nicht nachteilig sein, wenn man sich selbstständig macht, um es anderen mal ordentlich zu zeigen. Das kann die Firma sein, die eine Bewerbung ablehnte. Oder vielleicht die Branche, die alle Mittfünfziger vor die Tür zu setzen begann. Existenzgründung ist, wenn durchdacht und abgesichert, besser als Arbeitslosigkeit.

**Fazit:** Gründer erstreben mehr Einkommen, größere Freiräume, mehr Anerkennung. Ihr Tatendrang, eine Geschäftsidee oder der allgemeine Wunsch, Ideen umsetzen zu können, kommen hinzu. Jeder Existenzgründer hat eigene Gründe, die aus seiner Ausgangslage entstehen – zwischen Frustration und Vision.

## Gefahren und Stolpersteine

Umfragen zufolge ist die Finanzierung die größte Hürde für Existenzgründer. Nach Angaben der Deutschen Ausgleichsbank, die einschlägige Förderprogramme fährt, scheitern daran zwei Drittel der Gründer. Das liegt aber nicht allein an den Geldgebern, wie die Bank in einer Gemeinschaftsstudie mit drei Industrie- und Handelskammern herausfand. Oft haben sich die Gründer nicht ausreichend vorbereitet. Sie haben weder die anfallenden Investitionen und Kosten richtig eingeschätzt noch ihr Konzept sauber ausgefeilt. Die Banken wollen einen sogenannten Business Plan sehen. Wenn der überzeugt, lassen sie mit sich verhandeln.

Laut Ausgleichsbank sind nach Finanzierungsmängeln Informationsdefizite die zweithäufigste Ursache für Pleiten. Die Gründer legen los, ohne sich auf den neuesten Stand zu bringen. Dabei sollten sie sich einlesen, Kurse besuchen, Praktiker befragen und zu den Beratern gehen. Eine systematische Vorbereitung ist – laut Studie – nach der gesicherten Finanzierung die wichtigste Voraussetzung. Dazu gehört auch die ausreichende Qualifikation, der drittgrößte Stolperstein laut Ausgleichsbank. Gründer müssen sich nicht nur in ihrem Fach und auf ihrem Markt auskennen; sie brauchen zudem genug kaufmännische Kenntnisse, um ein Geschäft zu führen. Dann dürften Planungsfehler, die vierthäufigste Pleitenursache, seltener auftreten.

Im Eifer des Gefechts übersehen Existenzgründer oft, dass sie Verwandte und Bekannte für ihre Pläne gewinnen müssen. Hier können sie sich Rat holen und Hilfe. Denn Rückhalt im privaten Umfeld ist gerade bei Durchhängern wichtig. Sonst kann es passieren, dass die Existenzgründung an Familienproblemen scheitert – Stolperstein Nummer fünf. Die vollständige Rangliste der Ausgleichsbank sieht so aus: Finanzierungsmängel, Informationsdefizite, Qualifikationsmängel, Planungsmängel, Familienprobleme, Überschätzung der Betriebsleistung, äußere Einflüsse. Daraus geht hervor, dass meistens der Existenzgründer die Pleite selbst verschuldet. So liegen die äußeren Einflüsse bei der Insolvenz-Statistik nur bei fünfzehn Prozent.

Auch kommt es vor, dass ein Existenzgründer seine Lage nicht objektiv beurteilt. Über seiner Geschäftsidee vergisst er den Rest der Welt. Er pflegt den Zweckoptimismus und unterschätzt die Risiken. Im Jungunternehmer-Rausch wagt er zu hohe Privatentnahmen – er hat es ja, denkt er; dabei wird bei ihm nur nicht ordentlich Buch geführt. Auch rechnet ihm keiner seine Angebotspreise mit spitzem Bleistift durch; damit nimmt er Verlustaufträge rein. Sein Geschäft wächst so schnell, dass er kaum noch nachkommt und Leute einstellen und einarbeiten muss, was manchmal den Gewinn aufzehrt und in neue Schulden führt.

Viele haben sich schlicht verschätzt. Der Markt gibt nicht genug Umsatz her. In der Anlaufzeit fallen höhere Kosten an als erwartet; schließlich muss der Markt erschlossen werden. Manche überschätzen zudem die eigene Arbeitskraft. Entweder schaffen sie die Menge nicht oder sie kommen kaum mit der Vermarktung und dem Organisatorischen zurecht. Da müssen nur noch die Kunden andere Verhaltensweisen an den Tag legen oder der Markt neue Gepflogenheiten entwickeln, und man kommt ins Schleudern. Wer da nicht an sein Angebot glaubt, gibt schnell auf.

**Fazit:** Wer die Hürden nicht meistert, stolpert darüber. Deshalb muss die Vorbereitung systematisch und die Planung realistisch sein. Kaufmännische Kenntnisse dürfen genauso wenig vergessen werden wie ein gutes Polster für die Anlaufzeit.

## Eigene Ziele

Ihr wichtigstes Kapital sind Sie selbst. Deshalb müssen Sie höchstpersönlich auf den Prüfstand, bevor Sie beispielsweise die Finanzlage überprüfen. Klären Sie, ob Sie auch wirklich Ihr eigener Chef sein können. Wenn Sie in Ihrem Leben hauptsächlich unter Kommando und Kontrolle stehen, haben Sie kaum Gelegenheit gehabt, dies auszuprobieren. Arbeiten Sie weisungsgebunden oder eigenverantwortlich? Als Chef leiten Sie Aufgaben weiter, müssen Mitarbeiter aussuchen und führen, ihnen aber auch in gewissem Maße vertrauen. Wenn Sie das nicht können, müssen Sie alles selber machen. Und das wollen Sie vielleicht auch. Doch sogar Einzelkämpfer müssen in unserer arbeitsteiligen, vernetzten Welt verschiedene Arbeiten vergeben.

Chefs müssen Entscheidungen treffen. Nicht jedem liegt das. Sie warten vielleicht lieber, bis sich etwas von selbst ergibt. Oder Sie wägen vorsichtig ab und holen Rat ein. Als Ihr eigener Chef sollten Sie zwar sehr sorgsam entscheiden, aber immer genau wissen, was Sie wollen. Dann fällt es auch leichter, Verantwortung zu übernehmen. Prüfen Sie, ob Sie das können. Wenn Ihnen ein Fehler unterläuft und Sie zuerst die Mitschuldigen suchen, übernehmen Sie offenbar nicht gern Verantwortung. Besser wäre es, aus dem Fehler zu lernen und danach alles in Ordnung zu bringen. Überlegen Sie, wie Sie sich verhalten, wenn Ihnen ein Kunde Schwierigkeiten bereitet. Schieben Sie dies auf die äußeren Umstände ab oder bleiben Sie im Ring? Lassen Sie Aggressionen aufkommen oder überspielen Sie die geschickt? Vielleicht bleiben Sie aber gelassen und regeln das Ganze. Konflikte gibt es immer.

Misserfolge wegstecken kann nicht jeder. Manche bauen sich selbst wieder auf. Andere brauchen emotionale Unterstützung und professionelle Hilfe. Wie auch immer: Existenzgründer müssen Rückschläge verkraften. Sonst kommt Existenzangst auf, und bei jedem Auftragsverlust kreist gleich der Pleitegeier. Wie steht es mit Ihrem Durchhaltevermögen? Sind Sie hart im Nehmen und von nichts kleinzukriegen? Oder neigen Sie dazu, schnell das Handtuch zu werfen? Vielleicht gehören Sie auch zu den Zeitgenossen, die nur dann durchhalten, wenn sie Erfolgsaussichten sehen.

Mit angeschlagener Gesundheit sollte niemand einen neuen Start wagen. Das braucht Kraft und Schwung. Wenn Sie gelegentlich ernsthaft erkranken, fragen Sie Ihren Arzt. Ein gründlicher Check empfiehlt sich für jeden Existenzgründer. Bedenken Sie aber, dass viele Krankheiten seelisch bedingt sind und Sie mit besseren Lebensumständen wieder ins Lot kommen können.

Noch weniger als ewig Kränkelnde eignen sich Menschenscheue für ein Leben als Selbstständige. Vielleicht halten Sie gern Abstand, wenn Sie auf fremde Menschen treffen. Ihr Misstrauen überspielen Sie mit Höflichkeit. Derweilen brennen andere darauf, neue Bekanntschaften zu schließen; sie betrachten diese als Gewinn. Wie kontaktfreudig Sie sind, zeigt sich auch in Ihren Gesprächen. Können Sie sich in Ihre Gesprächspartner hineinversetzen? Vielleicht halten Sie sich für einen guten Zuhörer, erleben aber oft, dass ihr Gespräch ins Leere läuft. Oder Sie denken, dass Sie Leute fesseln, während Sie andere einfach nicht zu Wort kommen lassen.

Ihr Geschick im Umgang mit Menschen beeinflusst das eigene Verhalten gegenüber den Kunden. Wollen Sie sich durchsetzen oder verstehen Sie sich als Dienstleister im wahren Sinne des Wortes? Diese Grundhaltung wird Ihr Auftreten im Markt bestimmen. Wenn Sie nicht über Service-Bereitschaft verfügen, die Nachfrage diese aber verlangt, müssen Sie sich etwas einfallen lassen.

Finden Sie heraus, was Sie persönlich in die Selbstständigkeit treibt. Merken Sie auf, wenn die Geschäftsidee keine besondere Rolle bei Ihnen spielt. Sie sollten sich eigentlich für diese engagieren. Prüfen Sie, ob Sie Bedenken hegen. Möglicherweise wollen Sie nur unbedingt weg vom Angestelltendasein, egal wie. Damit gehen Sie aber Risiken ein. Wollen Sie wirklich eine gesicherte Stellung aufgeben? Versetzen Sie sich in die Lage eines Menschen, der plötzlich kein festes Einkommen mehr hat. Da wird nicht mehr dieser vertraute Betrag auf das Konto überwiesen. Manchmal steht auf der Haben-Seite gar nichts.

Wie gut beherrschen Sie das Gebiet, auf das Sie sich wagen? Führt Sie der Beruf dort hin, ein Hobby oder eine plötzlich entdeckte Marktnische? Mit Geistesblitzen sollten Sie vorsichtig umgehen. Ideen zu kreieren ist etwas anderes als sie zu realisieren.

Deshalb darf es für Sie nicht nur ums Geld gehen. Die Realisierung Ihrer Geschäftsidee muss Ihnen auch Spaß bringen. Sie müssen Lust und Freude bei der Arbeit als Selbstständiger verspüren. Das tritt nur ein, wenn Sie den Aufgaben gewachsen sind.

**Fazit:** Sie wollen Ihr eigener Chef sein. Prüfen Sie, ob Sie drauf haben, was ein Chef können muss. Außerdem müssen Sie ein Verkäufer sein – und, nicht zu vergessen, ein Unternehmer mit Zielen, Engagement und Risikobereitschaft.

## Eignung und Anforderungen

Wer den Schritt in die Selbstständigkeit wagt, braucht Selbstvertrauen. Sie gewinnen nur Kunden, wenn Sie an Ihren Erfolg glauben. Stellen Sie sich Ihr Ziel genau vor, aber hängen Sie keinem Traum nach. Gesunder Menschenverstand zählt für einen Existenzgründer genauso viel wie Mut, Fleiß und Ausdauer. Zum Grundgerüst des Gründers gehört zudem seelische, geistige und körperliche Fitness. Gibt es da Defizite, gleichen Sie die lieber aus, bevor Sie an den Start gehen. Als Selbstständiger müssen Sie meist viel und lang arbeiten – und dies gerade in der Anlaufzeit. Das erfordert, neben ausgeprägtem Arbeitseifer, viel Selbstdisziplin und Stresstoleranz.

Wenn Sie sich gern auf einen Stärkeren verlassen, vergessen Sie das Leben als freier Unternehmer. Auch wenn Sie berufliche Nestwärme brauchen, haben Sie da nichts zu suchen. Sie stehen als Selbstständiger ziemlich allein da, selbst wenn Sie sich eine Partnerin oder einen Partner nehmen. Unabhängigkeit muss man nicht nur wollen, sondern auch ertragen können. Bei aller Eigenständigkeit müssen Sie sich aber anpassen. Sonst können Sie nicht auf Ihren Markt, sich ändernde Verhältnisse oder die Besonderheiten Ihrer Kunden eingehen.

Prüfen Sie Ihre

- Belastbarkeit,
- Einfühlungsgabe,
- Flexibilität,
- kommunikative Fähigkeit,
- Kontaktfreudigkeit,

- Selbstbeherrschung,
- Sozialkompetenz,
- Überzeugungskraft,
- Urteilsfähigkeit.

Fordern Sie Ihre Familie und Kollegen zu einem Urteil über Sie auf. Dann sehen Sie zugleich, wie es um Ihre Selbsteinschätzung bestellt ist; sie zählt ebenfalls zu den Schlüsseleigenschaften. Lassen Sie sich aber nicht entmutigen, wenn Sie mittelmäßig abschneiden. So manches Defizit lässt sich durch feste Entschlossenheit ausgleichen. Schließlich gibt es heute für fast alles Seminare.

Einige Sachen müssen die Gründer jedoch von Anfang an mitbringen:

- den Segen der Familie und deren Bereitschaft, mitzuziehen oder zurückzustecken.
- Rücklagen, um den Lebensunterhalt während der anfänglichen Durststrecke zu sichern und den Banken Sicherheiten zu bieten.

Zudem brauchen Sie gute Kenntnisse auf mehreren Gebieten: in Ihrem Fach, für Ihr Produkt/Service, in Ihrer Branche, für den Markt/Nische sowie kaufmännische Grundlagen.

Das Kaufmännische spielt im Leben des Existenzgründers eine bedeutende Rolle. Wer damit bisher nicht zu tun hatte, muss sich ein gewisses Grundwissen anlesen oder Kurse besuchen. Nicht jeder Steuerberater übernimmt die gesamte Buchführung oder organisatorische Aufgaben. Um keine Verlustgeschäfte abzuschließen, muss der Selbstständige zumindest überschlägig kalkulieren können.

**Fazit:** Selbstständige müssen mehr mitbringen als ihre fachliche Qualifikation. Ohne kaufmännische Kenntnisse, finanzielle Rücklagen und gewisse Schlüsseleigenschaften brauchen sie gar nicht erst anfangen.

## Private Kosten

Die Kosten für Ihren Lebensunterhalt sollten Sie keinesfalls über den Daumen peilen. Sonst kommt das böse Erwachen, wenn zum Jahresende ein paar Versicherungsbeiträge zu überweisen sind. Denken Sie in Jahresabläufen; das müssen Sie als Existenzgründer ohnehin. Führen Sie alle im Jahr anfallenden privaten Kosten auf, und teilen Sie die Summe durch zwölf. Nur so kommen Sie auf Ihre monatlichen Privatkosten, die Sie zur Grundlage Ihrer Kalkulation und Planung nehmen können.

Die Kosten im Haushalt lassen sich leicht mit einem sogenannten Haushaltsbuch ermitteln. Hinzu kommen Miete und Nebenkosten, Kredite, Darlehen und Ratenabzahlungen, Kraftfahrzeugkosten, Versicherungen, Ausbildung der Kinder, Anschaffungen für Haushalt und Familie, Urlaub, Freizeit, Geschenke, die Kosten der privaten Telekommunikation und andere Vergnügungen. Wenn Sie das alles zusammengerechnet haben, setzen Sie zehn Prozent für unerwartete Ausgaben dazu. Nun können Sie sagen, wieviel Sie zum Leben brauchen.

Als Selbstständiger müssen Sie sich zudem selbst versichern. Sie haben keinen Arbeitgeber mehr, der die Hälfte übernimmt und die Unfallversicherung komplett bezahlt. Holen Sie Angebote ein; dann wissen Sie, was auf Sie zukommt. Es ist von Vorteil, Rücklagen zu bilden, um den Lebensunterhalt während der Anlaufzeit zu sichern. Das sollte auch dann geschehen, wenn der Partner regelmäßige Einkünfte bezieht und bei Engpässen einspringen könnte.

**Fazit:** Setzen Sie Ihren persönlichen Lebensbedarf nicht zu niedrig an, und ermitteln Sie akribisch alle während des Jahres anfallenden Kosten. Am besten, Sie führen darüber Buch.

## Persönliche Absicherung

Selbstständige können frei entscheiden, wie sie ihre persönliche Vorsorge gestalten. Es stehen ihnen die Sozialversicherungen offen, sie können aber auch andere Wege gehen. Gehören Sie bislang einer gesetzlichen Krankenversicherung oder Ersatzkasse an, dürfen Sie dort bleiben. Als freiwilliges oder pflichtversichertes Mitglied genießen Sie den Vorzug, den nicht berufstätigen Part Ihrer Familie gleich mitzuversichern. Anfangs zahlen Sie den Mindestbeitrag. Danach wird der Beitrag Ihren Einkünften angepasst.

Bei einer privaten Krankenversicherung bestimmt nicht das Einkommen den Beitragssatz, sondern die Versicherungsmathematik. Ihr Alter spielt die entscheidende Rolle, und als Frau zahlen Sie weitaus mehr als gleichaltrige Männer. Aber jeder kann sein Schutzpaket nach Belieben schnüren und über einen hohen Eigenanteil im Versicherungsfall den Beitrag etwas niedriger halten. Am Krankentagegeld sollte allerdings nicht gespart werden. Es fängt im Krankheitsfall die laufenden Kosten auf. Ein Schutz für die ersten zwei Wochen kostet meist sehr viel. In vielen Fällen empfiehlt sich deshalb der Einstieg nach der dritten Woche.

Die Pflegeversicherung können Sie ebenfalls privat abschließen. Auch in diesem Fall staffeln sich die Beiträge nach Alter und Geschlecht sowie der Versicherungssumme. Wie bei der privaten Krankenversicherung gibt es hier für junge Singles und kinderlose Doppelverdiener gewisse Vorteile.

Sie haben immer die Wahl: zwischen den privaten Anbietern, zwischen privat und nicht-privat, zwischen Versicherungsschutz und Null-Vorsorge. Noch größeren Spielraum haben Selbstständige bei der Altervorsorge. Sie können wählen zwischen

- reiner Geldanlage (Investmentfonds, Immobilien, Aktien, etc.),
- Lebensversicherungen (Kapital-, Risiko-, Fondsgebunden),
- privater Rentenversicherung,
- gesetzlicher Rentenversicherung (freiwillig, Pflichtmitglied).

Wenn Sie bereits in die gesetzliche Rentenversicherung eingezahlt haben, erhalten Sie die Anwartschaft auf Altersruhegeld, Berufsunfähigkeits- und Erwerbsunfähigkeitsrente, indem Sie freiwillig weiterzahlen. Das können Sie als freiwilliges Mitglied, das die Beitragshöhe selbst bestimmt. Sie können aber auch Pflichtmitglied sein; dann bemisst sich Ihr Beitragssatz nach Ihrem steuerpflichtigen Einkommen minus Betriebsausgaben – maximal der Beitragsbemessungsgrenze.

Künstler und Publizisten sind per Gesetz immer pflichtversichert. Handwerkern unter achtzehn Pflichtbeitragsjahren geht es ebenso, genau wie selbstständigen Erziehern, Pflegern, Hausgewerbetreibenden sowie Küstenschiffern und -fischern mit nicht mehr als zwei Mitarbeitern. Alle anderen müssen einen Antrag auf Pflichtversicherung stellen; dies muss innerhalb von fünf Jahren nach Eintritt in die Selbstständigkeit geschehen.

Ob Sie eine Unfallversicherung abschließen sollten, hängt von Ihrem persönlichen Risiko ab. Die durchschnittliche Schadensquote liegt bei 35 Prozent. Sie könnten einmal darunterfallen. Selbstständige haben nun mal keinen, der für sie einzahlt, wie dies der Arbeitgeber für seine Arbeitnehmer tut. Im Gegensatz zu den Berufsgenossenschaften überweist die private Unfallversicherung auch keine Rente. Im Invaliditätsfall erhalten Sie stattdessen eine vereinbarte Summe.

**Fazit:** Selbstständige können ihre Vorsorge nach Maß treffen. Sie haben die freie Wahl zwischen Privat-Assekuranz, Sozialversicherungsträgern und dem Kapitalmarkt.

## Selbstmanagement

Stellen Sie sich vor, Sie arbeiten seit Wochen bis zur Schmerzgrenze und sehen am Monatsende dafür keine müde Mark. Ihr größter Auftraggeber zahlt diesmal erst nach vier Monaten. Wenn Sie nachfragen, hören Sie, die Sekretärin sei in Urlaub, und bei der zweiten Nachfrage ist dann der Buchhalter verreist. Oder stellen Sie sich vor, samstags um sieben reißt Sie der Eilbote aus dem Schlaf. In Ihren Händen halten Sie die Kündigung des Pauschalvertrags, von dem Sie quasi zu neunzig Prozent leben. Wenn Sie den Kerl anrufen, dessen erste Amtshandlung Ihr Rausschmiss war, faselt der etwa von »lean management«. Sie entgegnen »lean but mean«; aber das nutzt Ihnen jetzt auch nichts mehr, wenn der andere partout einen guten Bekannten ins Geschäft einschleusen will.

Das alles ist der Autorin schon selber widerfahren. Ein wenig mulmig wird einem da schon. Doch ein Motivations-Knick hat sich nicht eingestellt – höchstens ein bisschen Existenzangst, die sich bald aber legte. Dass ich als Selbstständige in die Vorleistung gehen muss, habe ich inzwischen verinnerlicht. Bei Großaufträgen versuche ich, einen Vorschuss herauszuhandeln. Und das Auslaufen des Pauschalvertrags hat sich als großer Vorteil erwiesen: endlich konnte ich im Fach und im Markt vorankommen. Ich lernte: Krisen sind Chancen.

Es geht vor allem darum, mit den eigenen Gefühlen richtig umzugehen. Wohin mit dem Bedürfnis nach Zugehörigkeit im Arbeitsleben? Selbstständige sind oft auf sich selbst gestellt. Sie können zwar ihre Berufskollegen in Verbänden, Arbeitskreisen und im Internet treffen. Doch im Arbeitsalltag stehen sie allein. Da lobt sie keiner, wie dies im Angestelltenleben regelmäßig zu Motivationszwecken geschieht. Und anerkennende Blicke bleiben auch aus, wenn einer solo arbeitet. Da heißt es, sich aktiv um Rückmeldung bemühen – Kunden, Kollegen, Konkurrenten um ihr Urteil bitten. Bleiben die so dringend benötigten Streicheleinheiten dennoch aus, muss sie sich der Selbstständige selber geben. Ein Restaurantbesuch oder ein Wochenende zu zweit belohnen für eine besonders lange Arbeitswoche oder für einen hart errungenen Erfolg.

Achten Sie peinlich darauf, dass Sie sich nicht überarbeiten. Selbstständige sind zwar oft außergewöhnlich gefordert und müssen Nacht- und Wochenend-Schichten fahren. Doch Ihre Gesundheit dürfen Sie nie aus den Augen verlieren. Sie selbst sind Ihr größtes Kapital.

Bringen Sie Ordnung in Ihren Tag. Legen Sie Ihre Kernarbeitszeit in die Stunden, in denen Sie am besten arbeiten. Bei den einen ist es der frühe Morgen, wenn noch kein Telefon klingelt, bei anderen der vorangeschrittene Vormittag und bei nicht wenigen sogar der späte Abend. Setzen Sie Zeitpuffer in Ihren Tages- und Wochenplan und legen Sie Ruhe- und Spaßzeiten fest.

Gehen Sie behutsam mit Ihrem Emotions-Haushalt um. Beobachten Sie, unter welchen Bedingungen Sie wie und was empfinden. Und erkennen Sie den Einfluss von Freude, Ärger, Angst und anderen Gefühlen auf Ihre Leistung, Ihr Lernvermögen, Ihr Gedächtnis – und Ihre Motivation. Wer weiß, was ihn hindert, kann diese Hindernisse eher ausschalten. Hilfreiche Emotionen können indessen gefördert werden. Es ist nicht leicht, Lust und Freude bei Bedarf einfach herzustellen. Aber es kann funktionieren.

Selbstmanagement ist die »Fähigkeit, seine Motivation systematisch zu steigern und Handlungsbarrieren zu überwinden«, so eine Definition des Instituts für Wirtschaftspsychologie der Universität München. Eine Projektgruppe des Instituts hält sogenannte Selbstmanagement-Trainings ab. Sie setzt folgende Schwerpunkte:

- Stärken ausbauen,
- Schwachpunkte Stück für Stück beheben,
- Zielkonflikte erkennen und lösen,
- Kennenlernen unbewusster Motive,
- Erkennen irrationaler Gedanken,
- Aufbau von Willensstärke,
- Reduzierung von Überkontrolle,
- Überwindung von Handlungsbarrieren,
- Förderung des Spaßfaktors.

Wer das Programm zu komplex findet, kann es fürs Erste mit einfacheren Mitteln versuchen: Die Augen schließen und sich vorstellen, wie gut es einem geht, wenn das Ziel erreicht ist. Oder eine Geschäftsidee, die auch im grauen Alltag nichts von ihrem Reiz verliert.

**Fazit:** Menschen sind keine Maschinen. Manchmal geht ihnen der Treibstoff aus. Flops oder zuviel Routine können lähmen. Deshalb ist jeder fein raus, der sich selbst wieder in Schwung bringen kann. Sich selbst motivieren heißt, sein Leben richtig konditionieren.

# Die richtige Geschäftsidee

## Ideenfindung

Die ehemalige PR-Assistentin Susanne Westphal gründete eine Preis-Agentur. Damit erzielt sie 2,5 Millionen Mark Umsatz. Weil sie so clever war, mit Lizenznehmern in zwanzig Städten Büros zu eröffnen, gehört Westphal zu den Vorzeige-Jungunternehmerinnen: sie wird gern auf einschlägige Veranstaltungen eingeladen, was ihren Bekanntheitsgrad willkommenerweise erhöht.

Dabei hätte sie auch den klassischen Weg gehen können – im PR-Geschäft bleiben, ein paar Kunden einsammeln und dann eine eigene Agentur eröffnen. So gehen viele Existenzgründer vor. Sie geben ihren alten Beruf nicht auf, sondern praktizieren ihn auf eigene Rechnung. Das hat Vorteile. Die Gründer sind fachlich fit, kennen den Markt, können ihr Angebot darauf zurecht trimmen, ohne groß Forschung zu betreiben. Oft brauchen sie noch nicht einmal auf Kundensuche gehen. Entweder nehmen sie die ihnen gewogene Klientel des bisherigen Arbeitgebers mit, was allerdings durch entsprechende Vertragsklauseln oft untersagt ist. Oder der Noch-Brotherr lagert das Geschäft zum Teil aus und überträgt es ihnen.

Mit dem Trend zum Verschlanken und Auslagern (»Outsourcing«) ergeben sich rings um große Unternehmen herum für Existenzgründer viele Chancen. Nicht alle daraus entstehenden Konzepte sind so kapitalintensiv wie das von Heiko Altmann und Christian Oberbauer, Sieger des zweiten Münchner Business-Plan-Wettbewerbs. Sie bieten einen Call-Center-Outsourcing- und Telemedien-Service an. Ihre Interactive Communication Services haben ein geschätztes Marktpotential von europaweit 800 Millionen DM. Der Umsatzplan sieht 1,7 Millionen DM im ersten Geschäftsjahr vor. In fünf Jahren wollen die Gründer knapp dreißig Leute beschäftigen.

Altmann ist Jurist und Oberbauer Diplom-Kaufmann, aber beide arbeiten seit Anfang der Neunziger in der Telekommunikation. Sie kennen sich im Fach aus, wissen, wo die richtigen Leute sitzen, und das ist wichtig für das Entwickeln einer marktfähigen Geschäftsidee. Wer auf Ideensuche geht, sollte sich zunächst auf bekanntem Terrain halten. Suchen Sie nicht nach Marktlücken; ein absolutes Novum im gänzlich unbesetzten Marktsegment gibt es nur an der Spitze der Innovation. Wenn Sie da kein Know-how haben, finden Sie lieber eine Marktnische. Die besetzen Sie durch Kombination und Variation von bereits bestehendem Angebot. Ihrer Analyse und Kreativität sind keine Grenzen gesetzt. Sie müssen nur auf Nachfrage treffen und dürfen nicht gegen bestehendes Recht verstoßen.

Dienstleistungen werden auf dem Markt immer nachgefragt. Es genügt nicht mehr, ein Produkt auszuliefern – Service muss dazu her. Im Business-to-Business, dem Geschäft zwischen zwei Unternehmen, sprießen neue Dienstleister wie Pilze aus dem Boden. Und der Markt verlangt nach mehr. Aber auch beim Verbraucher wächst der Wunsch nach Service. Wer sich das Leben erleichtern kann, tut es. So kamen die Preis-Agenturen auf, die für ihre Kundschaft das günstigste Angebot herausfischen.

Bevor Sie Ihre Denkmaschine zwecks Ideenfindung in Gang setzen, beachten Sie noch folgende Punkte, die dafür wichtig sind:

- sich auf dem Gebiet auskennen,
- Variation und Kombination führen zur Nische,
- Marktvorteil durch Service,
- Nachfrage nach Dienstleistungen wächst,
- Firmen lagern Teile ihres Geschäftes aus,
- verändertes Nachfrageverhalten,
- Versorgungsmängel.

Anregend kann auch ein Gang durch Messen und Ausstellungen sein. Manche fahren nicht schlecht, wenn sie die Geschäftsidee eines anderen aufgreifen, ein »Me-too«-Angebot auf den Markt bringen. Auch eine nicht gerade umwerfende Geschäftsidee kann zum Erfolg führen. Es kommt darauf an, wie sie umgesetzt wird.

**Fazit:** Durch »Outsourcing« der Unternehmen entstehen viele Chancen. Dabei liegt vor allem Service im Trend – auch im Privatkunden-Bereich. Wer auf vertrautem Terrain bleibt, hat wichtige Vorteile: Know-how und Kontakte zum Beispiel.

## Zielsetzung

Sie legen als Einzelkämpfer los und denken nicht daran, eine richtige Firma aufzuziehen. Dennoch sollten Sie Unternehmensziele formulieren. Das gibt der Geschäftsidee weiteren Schliff. Behalten Sie dabei Ihre Zielgruppe im Auge. Deren Bedürfnisse müssen sich mit Ihren Zielen vereinbaren lassen. Will die Kundschaft beispielsweise vor allem Kompetenz bei den Lieferanten, weil das Sicherheitsbedürfnis sehr ausgeprägt ist, dann sollte es zu Ihren Zielen gehören, Sachgebiete zu besetzen, Ihr Können ständig weiterzuentwickeln und im Markt zu demonstrieren.

Unternehmensziele legen Qualitäten und Quantitäten fest. In Ihrem Zielkatalog können sowohl Inhalte stehen – beispielsweise Kompetenz vor einem Komplett-Service nicht unter dem eigenen Niveau operieren und dem Kunden vielleicht noch die Füße küssen – als auch Zahlen: Auftragsbestand, Umsatz, Gewinn, etc. Gerade hier zählt der Zeitbezug. Was ist im ersten Halbjahr zu erreichen, was in einem Jahr, was in fünf Jahren?

Überschaubarer wird es mit Teilzielen. Sie legen fest, wie Sie Monat für Monat das Gesamtziel anpeilen. Kleine Bausteine bilden das Gesamtgefüge. Wenn einer wackelt, greifen Sie ein, bevor alles zusammenfällt. Sie können Ihre Arbeit besser überprüfen, und Sie haben Monat für Monat einen Anreiz: Ihr Teilziel. In manchen Fällen führen Teilziele überhaupt erst zum Gesamtziel: Sie geben vor, wie viele Kunden Sie im Monat werben, und daraus ergeben sich Ihr Neugeschäft und der Jahresumsatz.

Wer derart stückchenweise vorgeht, darf darüber seine Vision nicht vergessen. Mit ihren Gefühlswerten lässt sie einen Rückschläge verwinden und Zielkonflikte lösen. Es fällt leichter, Prioritäten zu setzen, wenn sie aus dem Bauch kommen. Schwelgen Sie also immer wieder mal in dem Bild, das Sie von sich und der Welt an dem Tag sehen, an dem Sie es endlich erreicht haben – Ihr Ziel.

**Fazit:** Mit Zielvorgaben bringen Sie Ihre Geschäftsidee etwas mehr in die Nähe eines Konzeptes. Ziele geben inneren Halt und Anreiz, sofern sie in überschaubare Teilziele zerlegt sind.

## Philosophie

Firmen, die etwas auf sich halten, haben immer eine Philosophie. Sie findet Eingang in Hochglanzbroschüren und wird neuen Mitarbeitern samt Kantinenplan am Antrittstag ausgehändigt. Die Philosophie hat selten die Prägnanz eines Slogans (»We try harder«). Eher gleicht sie einem drögen Thesenpapier, denn schließlich gibt sie die Grundpositionen wieder. Leistungsbereitschaft und Verantwortung im gesellschaftlichen Gesamtgefüge schreibt sich fast jede Firma aufs Banner. Nicht fehlen darf auch etwas Ergebenes zu den Kunden und die Verpflichtung zu Servicefreundlichkeit und Innovation.

Über seine Grundpositionen sollte jeder Existenzgründer nachgedacht haben. Sie regeln seine Haltung gegenüber Dritten und schaffen damit eine gewisse Ordnung. Wie stehen Sie zu Ihren Geschäftspartnern? Wie gedenken Sie, mit Ihren Lieferanten umzugehen – und wie mit der Konkurrenz? Vielleicht nehmen Sie sich vor, in den Konkurrenten auch Kollegen zu sehen. Schließlich werden Sie diesen in Verbänden und Arbeitskreisen begegnen. Welches

Verhältnis wollen Sie zu den Behörden pflegen und welches zur Öffentlichkeit? Sie haben möglicherweise an Kongress-Auftritte gedacht und wollen die Fachmedien nutzen, um sich darzustellen.

Existenzgründer, die ihre Grundpositionen abgeklärt haben, brauchen dies nicht immer wieder fallweise wiederholen. Ihr Handeln wird berechenbarer – auch für sie selber. Mit einer »Philosophie« können sie sich im Markt besser präsentieren. Dazu braucht es keine Hochglanzbroschüren, entsprechendes Verhalten genügt.

**Fazit:** Ihre Grundpositionen gegenüber Dritten im Geschäftsleben und in der Gesellschaft bilden nicht nur einen ethischen Überbau. Sie können damit an Ihrer Geschäftsidee feilen.

## Idee und Markt

Nach seiner Meisterprüfung als Schreiner hatte Jörg Mrowiec »keine Lust, mich über beide Ohren zu verschulden«. Der Mittdreißiger mietete sich deshalb in einer bestehenden Schreinerei ein. Er hatte die Machbarkeit (»Feasibility«) seiner Geschäftsidee untersucht und dann diesen Dreh gefunden. Das brachte ihm eine Einladung zur 7. Münchner Beschäftigungskonferenz ein, die im Juni 1998 stattfand. Mrowiec wurde zum Vorzeige-Gründer.

Er hatte den Markt untersucht – und dies ganz gründlich. Es ging ihm nicht allein um die Nachfrage, die reichlich vorhanden war und ist. Mrowiec hatte auch den Beschaffungs-, den Gewerbeflächen- und den Geldmarkt im Blick. Hinzu kam bei seinen Erwägungen der Personalmarkt. Eine eigene Bürokraft wollte der Gründer sich fürs Erste nicht leisten.

Jeder Existenzgründer sollte den Markt genau betrachten und dabei nicht vergessen, dass es mehr als den Absatzmarkt gibt. Eine Geschäftsidee kann daran scheitern, dass der Einkauf nicht klappt oder Unsummen von Geld verschlingt. Alles Geld wiederum hilft nichts, wenn bestimmte Fachkräfte fehlen, die Sie zum Loslegen brauchen. Das geht auch den ganz Großen so – wie Siemens mit den Informatikern und der Deutschen Bank mit den Investmentbankern.

Klopfen Sie Ihre Geschäftsidee nach allen Seiten ab, und lassen Sie sich dabei helfen. Fragen Sie Fachleute und bereits erfolgreiche Existenzgründer. Beschaffen Sie sich Informationen.

**Fazit:** Zu jeder Geschäftsidee gehört eine »Feasibility«-Studie. Untersuchen Sie, ob und wie sich Ihre Idee umsetzen lässt. Eine rege Nachfrage reicht manchmal nicht aus.

## Informationsbeschaffung

Messen, Ausstellungen und Kongresse oder Tagungen bieten einen Überblick und zeigen neue Entwicklungen auf. Wer nicht selbst hingehen kann, besorgt sich Kataloge und andere Unterlagen. Basis-Informationen und aktuelle Trends bekommt man zudem bei den einschlägigen Fach- und Branchenverbänden. Am besten, Sie treten dort ein. Dann kommen Sie nicht nur an Infos, sondern auch an Kontakte. Außerdem wird Ihr Auftreten gleich professioneller: Ein »Mitglied im ...« wirkt manchmal wie ein Gütesiegel.

Jede Branche hat eine oder mehrere Fachzeitschriften. Nutzen Sie diese. Manche Fakten bekommen Sie auch aus dem Redaktions-Archiv. Wenn Sie wirklich Einblick gewinnen wollen, überblättern Sie nicht die Anzeigen. Vielleicht schalten Sie selber mal eine. Darüber hinaus bietet der Buchmarkt auf fast jedem Sektor Informationen. Neben den Fachbüchern gibt es eine Reihe von Handbüchern und Nachschlagewerken sowie CD-ROMs.

Nutzen Sie das Seminar-Angebot am Markt. Sie können sich auf den verschiedensten Gebieten fit machen und Defizite beheben – vielleicht im Kaufmännischen oder in der modernen Informationstechnologie. Außerdem erhalten Sie Literaturhinweise und bekommen oft mappenweise Infos mit nach Hause.

Nicht selten kommen Existenzgründer über die Banken an Info-Material. Wenn Sie nichts vorliegen haben, fragen Sie nach der zuständigen Dame oder dem Herrn und melden sich zu einem Gespräch an. Sie müssen nicht über die Finanzierung sprechen, wenn Sie das nicht wollen. Klären Sie zunächst mal ab, wie die Bank Ihren Markt sieht.

Besuchen Sie Ihre zuständige Kammer – Handwerkskammer oder Industrie- und Handelskammer. Nehmen Sie sich entsprechende Unterlagen und vereinbaren Sie ein Gespräch. Informationen für Existenzgründer gibt es vereinzelt sogar bei den Arbeitsämtern. Beispielhaft ist das Arbeitsamt München. Es unterhält eine eigene Beratungsstelle für Existenzgründer.

**Fazit** Holen Sie sich dort Informationen und Anregungen, wo Sie Leuten Ihres Fachs, Ihrer Branche begegnen: in Verbänden, auf Messen, auf Kongressen und in Kammern. Nutzen Sie darüber hinaus Fachzeitschriften und Fachbücher sowie das Wissen der Banken.

## Anlaufstellen

Vier Vollzeitkräfte der Industrie- und Handelskammer für München und Oberbayern kümmern sich ausschließlich um die Existenzgründer in ihrem Gebiet. Zunächst kam die Beratungsstelle mit zwei Leuten aus. Doch dann gab weiteren Zulauf. Es sprach sich herum, dass die Kammern beim Start in die Selbstständigkeit zur Seite stehen. Das gilt auch für die Handwerkskammern. Sie sind mit die erste Anlaufstelle für selbstständige Handwerker.

Nützliche Informationen bieten auch Gewerkschaften und Genossenschaften sowie öffentliche Ämter. Das Bundeswirtschaftsministerium unterhält ein Bürgertelefon zur Förderberatung, die Wirtschaftsministerien der einzelnen Bundesländer halten ebenfalls Informationen parat. Als Anlaufstellen können zudem die zahlreichen Wirtschaftsförderungsgesellschaften gelten. Allein das Bundesland Nordrhein-Westfalen hat über dreißig davon. Informationen gibt es ferner über eine Hotline bei der Deutschen Ausgleichsbank in Bonn. Die Kreditanstalt für Wiederaufbau in Frankfurt informiert insbesondere technologie-orientierte Gründer; sie hat dafür ein eigenes Info-Center geschaffen. Und das Rationalisierungskuratorium der deutschen Wirtschaft (RKW) steht mit siebzehn Landesgruppen zur Verfügung.

Vergessen Sie nicht Ihren Verband und die Banken (s. Kapitel Informationsbeschaffung) und Ihren Steuerberater. Falls Sie einen suchen, fragen Sie andere Selbstständige in Ihrer Branche. Zuweilen empfehlen die Kammern Gründungs- oder einschlägige Unternehmensberater. Doch vielleicht können Sie Ihren Bedarf schon bei der Kammer selber abdecken. Das kostet kein Honorar.

Im Anhang finden Sie zu den hier genannten Anlaufstellen alle relevanten Informationen. Darüber hinaus werden die wichtigsten Anschriften und Internet-Adressen für Existenzgründer vorgestellt.

**Fazit:** Neben den Kammern und Verbänden unterstützen Behörden und Ministerien beim Schritt in die Selbstständigkeit. Nutzen Sie das Angebot und schauen Sie in den Anhang.

# Das passende Marketing

## Marktanalyse

Marketing heißt in groben Zügen, dass Sie Ihr Angebot auf den Markt ausrichten. Dafür müssen Sie diesen erst mal genau kennen. Sie brauchen Daten, Fakten und Zahlen, die Sie sich bei Verbänden, Kammern und Banken besorgen können. Vieles müssen Sie aber selber herausfinden, besonders wenn das von Ihnen angepeilte Geschäftsfeld neu oder stark begrenzt ist.

Beschäftigen Sie sich vor allem mit Ihren künftigen Kunden. Sind Sie sicher, dass Sie da den richtigen Kundenkreis im Auge haben? Bedenken Sie, dass im obersten Marktsegment zwar viel gezahlt wird, die Käufer jedoch dünn gesät sind und sich meist sehr verwöhnt geben. Mit einer Nummer kleiner können Sie Ihr Geld vielleicht flotter verdienen.

Finden Sie das zu Ihnen passende Segment; Sie werden sich in den meisten Fällen darauf festlegen müssen. Ihre Kunden springen Ihnen ab, wenn Sie es plötzlich auch als der billige Jakob versuchen oder in den Luxusbereich aufstreben. Ob die VW-Führung mit dem »Bentley« erreicht, was ihr vorschwebt, muss sich erst noch herausstellen. Bei den bescheideneren Ausmaßen Ihres Geschäftes dürften Sie kaum eine Zweit- oder Dritt-Marke durchbringen können.

Gefahr droht, wenn der von Ihnen angepeilte Kundenkreis zu schwach bestückt ist. Fallen Ihnen zwei oder drei Auftraggeber aus, stehen Sie kurz vor der Pleite. Prüfen Sie deshalb, bevor Sie sich binden. Es ist zwar nicht auf ewig, und doch könnte sich noch etwas Besseres finden.

Existenzgründer sollten nicht zu sehr von ihrer Geschäftsidee erfüllt sein: Kundenwünsche zählen. Das Angebot muss darauf zugeschnitten werden. Erforschen Sie die Wünsche Ihrer angehenden Kunden und gehen Sie deren Verhalten auf den Grund. Hält sich Ihre Zielgruppe einen kleinen Stamm von Lieferanten oder sieht sie sich bei jeder Auftragsvergabe neu um? Bestellt sie ad hoc und per Telefon oder vereinbart sie Langzeitverträge? Werden knappe Fristen gesetzt und strikte Vorgaben erteilt? Oder erwartet die Zielgruppe die Vorschläge der Anbieter? Ordert der Firmenchef, der Abteilungsleiter oder ein Sachbearbeiter? Wann wird gekauft? In manchen Branchen gibt es ein Sommerloch und einen Orderrausch im Herbst. Beim Start in die Selbstständigkeit ist dies ins Kalkül zu ziehen.

Wer in den Markt einsteigt, sollte dessen Beschaffenheit gut kennen. Wird um den Kirchturm herum operiert oder bundesweit? Wenden sich die Anbieter an Privatpersonen oder an Unternehmen, und welche Branchen sind im Spiel? Sie müssen auch über soziodemographische Daten Bescheid wissen: Einkommen, Bildung, Alter und Geschlecht. Rücken Sie Ihrer Zielgruppe im Geiste so nah wie möglich auf den Leib. Sie wird es Ihnen später danken.

Für die Konkurrenz gibt es heute das etwas charmantere Wort »Mitbewerber«. Untersuchen Sie, auf welche Weise diese um die Kundschaft »werben«:

- Qualität,
- Standardangebot,
- Preispolitik einschließlich Rabatte,
- Sortiment (falls vorhanden),
- Absatzwege,
- Garantien, Service, Kundenpflege,
- Verkaufsförderung.

Neueinsteiger können von den Routiniers lernen. Wer weiß, was der Wettbewerb bietet, kann das eigene Angebot mit Vorzügen ausstatten: besser, schneller, preiswerter, etc. Zumindest verstärkt die Konkurrenz-Analyse das Gespür für den Markt. Es zeigt sich, was der einzelne Anbieter umsetzen kann und wieviel der gesamte

Markt abwirft. Bei wenigen Mitbewerbern lassen sich sogar Marktanteile ausrechnen und eigene Zielmarken stecken.

**Fazit:** Den künftigen Kunden auf den Zahn fühlen, genügt nicht. Markteinsteiger müssen auch ihre Mitbewerber analysieren. Das hilft, das Angebot richtig zu gestalten.

## Markteintritt

Manche können gleich voll loslegen; sie haben genug Aufträge für einen Senkrechtstart. Die meisten brauchen aber eine Anlaufzeit. In dieser Phase läuft das Geschäft nur zäh. Es gilt, sich im Markt einzuführen. Das kostet meist mehr, als Sie durch erste Aufträge verdienen. Stellen Sie sich darauf ein. Am besten legen Sie fest, wie lange Ihr Markteinstieg dauern soll und wieviel Geld Sie dafür bereitstellen. Dann wissen Sie, mit wieviel Aufwand Sie Ihr Angebot präsentieren und die potentielle Kundschaft sowie Multiplikatoren informieren können.

Kalkulieren Sie zuvor Ihre Kosten. Setzen Sie fest, wie viele Aufträge Sie im Monat übernehmen wollen, und legen Sie die Kosten darauf um. So ist zu errechnen, was Sie verdienen müssen. Ihre Preise hängen allerdings vom Markt ab. Die einen schauen, was die Mitbewerber verlangen, und ziehen in etwa gleich. Andere liegen deutlich drunter und schaffen einen Preisvorteil. Wiederum andere schöpfen mit hohen Preisen den Markt ab. Das geht jedoch nur, wenn etwas Einmaliges, Neues oder Seltenes geboten wird, nach dem die Nachfrageseite händeringend sucht. Meist setzt ein Abnutzungseffekt ein, die Kundschaft beginnt nachzurechnen, und der Preis rutscht nach unten.

Denken Sie immer daran, dass Sie nicht allein am Markt sind. Die Reaktion ihrer Mitbewerber könnte heftig sein. Sicherlich nutzen sie sämtliche Möglichkeiten, bestehende Kunden an sich zu binden und Ihnen, dem Markteinsteiger, den Zutritt zu erschweren. Ziehen

Sie dies ins Kalkül. Sie müssen dafür gewappnet sein und Ihre Maßnahmen entsprechend verstärken.

Wieviel Zeit und Geld Sie dafür einsetzen, um Kunden zu werben, hängt darüber hinaus von Ihren Zielen ab. Wann wollen Sie die Gewinnschwelle überschreiten und schwarze Zahlen schreiben? Von diesem Datum hängt Ihr Umsatzziel ab. Nur mit einem bestimmten Umsatz erzielen Sie – bei unveränderter Kostenlage – den heiß ersehnten Gewinn.

Einen bestimmten Marktanteil anzustreben, empfiehlt sich nur, wenn die Zahl der Mitbewerber überschaubar ist. Teilen sich beispielsweise fünf Wettbewerber den großen Kuchen, wäre ein Ziel von zwanzig Prozent Marktanteil für einen Neuling bereits ehrgeizig zu nennen. Andererseits droht jedem, der unter diesen zwanzig Prozent verharrt, das Abdriften in die Bedeutungslosigkeit. Ein höherer Marktanteil verschafft Geltung.

Bevor Sie starten, sollten Sie entschieden haben, ob Sie den Markt eng, breit oder gemischt angehen. Spezialisieren Sie sich auf einen engen Bereich, können Sie schnell Profil gewinnen. Sie steigen sozusagen zum Experten auf. Das erleichtert Ihnen die Präsentation Ihres Angebotes. Sie erreichen eine höhere Wertschätzung und Aufmerksamkeit und kommen vielleicht zu besonders werbewirksamen Auftritten bei Messen, Kongressen und anderen einschlägigen Treffs. Experten finden Zugang zu den Medien – sei es per Fachartikel oder Interview. Auf jeden Fall nutzt es dem Bekanntheitsgrad sowie dem Ansehen.

Markteinsteiger können aber auch beschließen, mit einer Auswahl von Angeboten den Markt erst einmal abzutasten. Diese Verfahrensweise geht mit einer gewissen Profilschwäche einher. Ihre potientielle Kundschaft kann Sie für vielseitig halten, Sie entsprechend wertschätzen und einsetzen. In vielen Fällen wird sie sich aber fragen, wofür Sie und Ihr Bauchladen eigentlich stehen. Das kann sich rächen in einer Welt, in der jeder nach mehr Überschaubarkeit ruft.

**Fazit:** Am Anfang läuft das Geschäft meist zäh. Deshalb müssen Markteinsteiger ein Budget einplanen, mit dem sie sich bei der Kundschaft erst einmal einführen.

## Kompetenz

Der Satz »dafür bin ich nicht zuständig« sollte keinem Existenzgründer je über die Lippen kommen. Verkaufstrainer wie Ottmar Franke (»Methoden und Techniken der optimalen Kundenbetreuung«) warnen streng vor dessen Gebrauch. Unternehmer/Selbstständige sind grundsätzlich zuständig oder kompetent. Sie antworten entweder, dass sie das Anliegen des Kunden in die Hand nehmen werden – also, wenn nötig, an die richtige Stelle weiterleiten – oder sie sagen, was sie für den Nachfrager tun können. Sie stellen dar, wofür sie kompetent sind.

Die eigene Kompetenz ist für den Existenzgründer oft der wichtigste Teil seines Angebotes am Markt. Manchmal ist sie das Angebot selbst.

Stellen Sie deshalb heraus, was Sie können. Und beziehen Sie Ihre Fähigkeiten stets auf die Wünsche und Bedürfnisse Ihrer Kunden. Wer beispielsweise eine Unternehmensberaterin oder einen ihrer männlichen Kollegen beauftragt, fragt kaum nach der Ausbildung. Es zählt, was die Dame oder der Herr zu bieten hat, um die Aufgabe zu lösen. Der beste Nachweis dafür wäre ein ähnlicher Auftrag, der bereits erfolgreich erledigt wurde.

Anhand von Ihnen gelösten Problemen können Sie Ihre Kompetenz dokumentieren. Bedenken Sie aber, dass die schönste Mappe nichts nützt, wenn ihr Inhaber durch sein Auftreten Unsicherheiten vermuten lässt. Oft setzen sich die durch, die den Eindruck von Kompetenz erwecken, ohne ihre Qualitäten schwarz auf weiß belegen zu können. Den Ritterschlag erteilen ohnehin die Auftraggeber. Wenn sie jemanden für kompetent erachten, macht das die Runde, und dieses Urteil setzt sich durch.

Keiner ist aber dem Urteil des Marktes hilflos ausgeliefert. Sie können Ihre Kompetenz erweitern. Das geschieht einmal durch Ihre Präsenz am Markt: Sie sammeln Erfahrungen – immerhin. Dann können Sie sich durch Lektüre, Kurse oder Seminare weiterbilden. Sie gehen zu Branchentreffs, stehen in Kontakt mit Ihren Fachkollegen und tauschen sich auf Foren aus. Sie treten in den Fach- oder Berufsverband ein und weisen sich immer mehr als Angehöriger Ihrer Zunft aus. Sie suchen die Öffentlichkeit, schreiben Fachbeiträge und halten Referate.

Spätestens dann dürfte es sich herumsprechen, was Sie zu bieten haben. Helfen Sie nach und verweisen Sie auf Ihre Auftritte. Jedesmal wenn Sie Ihre Kompetenz gesteigert haben, sollten Sie dies kundtun. Manchmal genügt schon ein kleiner Nebensatz.

**Schlüssel-Kompetenzen**: Existenzgründer brauchen Verkaufs- und Verhandlungsgeschick. Das muss nicht angeboren sein. Beides lässt sich erlernen. Ein gewisses Organisationstalent ist auch nötig, denn sonst versinken Sie im Chaos. Trainieren Sie dort, wo Sie Defizite erkennen, und besuchen Sie gegebenenfalls Seminare.

Dass Sie auf Ihrem Schreibtisch wieder mal nichts finden, kann man vor seinen Kunden noch verbergen. Was die Klientel aber ernsthaft stört, ist mangelnde Zuverlässigkeit. Mit Ihrem Können gewinnen Sie Kunden, mit Ihrer Zuverlässigkeit aber binden Sie sie. Halten Sie Ihre Zusagen ein oder sagen Sie nichts zu, was sie nicht halten können. Termintreue und beständige Qualität danken die Kunden meist mit großer Anhänglichkeit.

Auch mit der Bereitschaft, den Kunden in den Mittelpunkt des Geschehens zu rücken, können Sie Punkte sammeln. Vielleicht verstehen Sie sich als Wissenschaftler, Künstler, Erfinder oder Hersteller großartiger Dinge. Ihr Kunde aber verlangt nach dem Dienstleister. Stellen Sie nicht Ihr »Werk« in den Vordergrund, sondern die Erfordernisse des Auftraggebers. Mit Servicebereitschaft und Freundlichkeit schlagen Sie alle aus dem Rennen, die sich darüber erhaben glauben.

**Formalitäten:** Alle Kompetenz nützt nichts, wenn der Existenzgründer keinen Gewerbeschein oder der Freiberufler keine Steuernummer vorzuweisen hat. Nur die angemessene Papierform weist den Profi aus. Als Freiberufler zahlen Sie keine Gewerbesteuer, und das Einkommensteuergesetz definiert Ihr Tun als »selbstständig ausgeübte wissenschaftliche, künstlerische, schriftstellerische, unterrichtende oder erzieherische Tätigkeit«. Mit der Anmeldung beim Finanzamt und der Entgegennahme der Steuernummer genügen Sie meist geltendem Recht. Vielleicht treten Sie aber auch in Ihren Verband oder Ihre Kammer ein, was in manchen Berufen schlicht Pflicht ist (Anwaltskammer, etc.). Selbst wenn Sie die Freiheit haben, draußen zu bleiben, werden Sie lieber Mitglied. Es sieht professioneller aus und wirkt wie ein Gütesiegel – auf der Visitenkarte, zum Beispiel.

In Deutschland herrscht Gewerbefreiheit. Aber nicht jede und jeder kann ein Firmenschild aufhängen und loslegen. Es besteht Anzeigepflicht. Am Starttag müssen Sie sich beim Gewerbeamt anmelden. Im Nachhinein geht nichts mehr. Von Ihrem Gewerbeschein wandern an die zehn Durchschriften zu verschiedenen Behörden und der zuständigen Kammer. Doch bei vielen reicht das nicht. Wer einem »erlaubnispflichtigen« Gewerbe nachgehen will – und davon gibt es viele –, braucht noch weitere Stempel.

Handwerker müssen sich in die Handwerksrolle ihrer Kammer eintragen lassen. Personalvermittler und -verleiher brauchen den Segen des Landesarbeitsamts. Wer Personen oder Güter befördern will, muss zuvor zur Kreisverwaltungsbehörde gehen. Die bestimmt auch, ob Makler, Bauträger und Gastronomen ihrer gewerblichen Tätigkeit nachgehen dürfen. Es muss alles seine Ordnung haben.

**Fazit:** Selbst das beste Angebot auf dem Markt führt zu keinem Erfolg, wenn beim Anbieter nicht alles stimmt. Neben seiner persönlichen Kompetenz braucht er auch die richtigen Papiere.

## Trends

Sie persönlich liegen voll im Trend, denn Sie wollen als Selbstständige oder Selbstständiger arbeiten. Und wenn Ihnen dabei vorschwebt, Einzelkämpfer zu bleiben, stehen Sie sogar an der Spitze des Trends. Wie die Berufsforscher des Bundesarbeitsamtes berichten, erfährt der Anteil der Einzel-Selbstständigen den größten Zuwachs. Dieser Wandel im Erwerbsleben wirkt sich auf viele Wirtschaftsbereiche aus. Vielleicht betrifft er auch das Geschäftsfeld, in das Sie einsteigen wollen.

Gesellschaftliche Entwicklungen sollte jeder, der auf eigene Rechnung im Markt agieren will, genau beobachten. Das heißt: Augen und Ohren offen halten und viel darüber lesen. Technologie-Trends muss der selbstständig tätige Mensch genauso wach verfolgen. Oft regen Technik und Soziodemografie gemeinsam zu neuen Produkten und Dienstleistungen an.

Die Deutschen werden immer älter. Es wächst der Anteil der Menschen, die sich nicht mehr so recht aus dem Haus trauen. Zusammen mit den Möglichkeiten der Telekommunikation bringt dieses Stubenhockertum Angebote wie das Tele-Shopping und das Tele-Banking hervor.

Im Erwerbsleben werden neue Strömungen ebenfalls durch die Technik begünstigt. Firmen, die ihre Mitarbeiter lieber zu Hause arbeiten lassen, schufen dank der Errungenschaften der Informationstechnologie die sogenannte Telematic oder das Teleworking.

Die Technik kommt den Selbstständigen zugute. Sie können Informationen einholen, Kollegen kontaktieren, den Austausch in Foren pflegen, ja sogar Aufträge abliefern, ohne den Schreibtisch zu verlassen. Der Computer, das Modem und das Netz machen es möglich. Sie sparen Zeit und Kosten.

Etablierte Firmen beschäftigen nicht selten interne oder – meist – externe Trendforscher. Sie möchten nicht die Chance verpassen, die ein neuer Trend bieten würde. Und sie wollen nicht das Risiko eingehen, von einem Trend überrollt zu werden.

Für Existenzgründer bergen neue Trends erst recht Chancen und Risiken. Sie können das Steuer schneller herumreißen als schwerfällige Großunternehmen. Aber sie gehen auch leichter unter. Registrieren Sie deshalb sorgsam, was um Sie herum geschieht. Weiten Sie den Blick, und betrachten Sie nicht nur Ihr Fach und Ihre Branche.

> **Fazit:** Trends bergen nicht nur Chancen, sondern auch Risiken. Zumindest für alle, die sich nicht rechtzeitig darauf einstellen. Existenzgründer brauchen deshalb ein Frühwarnsystem.

## Nischen

Fitness-Studios gibt es zu Tausenden. Dennoch fand eine Informatikerin zusammen mit ihrem Partner, einem Betriebswirt, eine wirkliche Nische. Die beiden surfen auf der »Wellness«-Welle und trainieren ihre Kundschaft ganzheitlich. Yoga, Meditation und ähnliches stärken neben dem Körper auch Geist und Seele.

Ein Küfer aus Ravensburg geht nach derselben Rezeptur vor: Man nehme etwas Bekanntes und variiere es um etwas in dieser Kombination noch nie Dagewesenes. Johannes Kiderlen von der Vom Fass AG verbindet den Hang des Menschen zum gehobenen Genuss mit dessen Drang zum Umweltschutz. »Wir füllen Wein, Öl, Essig, Likör und Spirituosen direkt vom Fass ab«, lautet das Angebot. Wer seine Flaschen vergessen hat, findet Leergut im Laden vor.

Ein Psychologe hat eine glänzende Laufbahn als Wissenschaftler gemacht. Und doch drückt er noch einmal die Schulbank. Er geht zum Existenzgründer-Seminar, weil er eine Geschäftsidee hat. Tonkassetten, auf denen Schauspieler literarische Texte vorlesen, gibt es zwar schon. Er aber will den Schwerpunkt vom Star auf die Literatur verlagern und deshalb unbekannte Künstler sprechen lassen.

Echte Lücken sind in dem großen Warenangebot, das es um uns herum gibt, kaum zu finden. Reine Dienstleister werden da eher fündig. Otmar Hillenbrand ist einer von denen, die in eine Lücke stoßen konnten. Er wurde Logistikberater für Geld- und Werttransporte – ein sehr überschaubarer Markt. Hillenbrand, einst Herrscher über eine Flotte gepanzerter Brummis, litt selber unter den Problemen, die er jetzt für andere löst. Das ist oft ein guter Einstieg.

Als Hannelore Kirchner mit ihrem ambulanten Büro-Service begann, löste sie zunächst ihr eigenes Problem. Der Arbeitsmarkt wusste mit dem vielseitigen Können der geschiedenen Meisterfrau nichts anzufangen. Nach rund fünfzig erfolglosen Vorstößen beschloss sie, ihre eigene Arbeitgeberin zu werden, sich Aufträge zu suchen. Sie findet diese bei Handwerksbetrieben, die sich keine Bürokraft leisten können oder denen gerade die Sekretärin, Buchhalterin oder Meisterfrau ausgefallen ist.

»Ich greife Ihnen unter die Arme«, wirbt die in Feldkirchen bei München ansässige Dienstleisterin auf einem Faltblatt. Sie stellt ihre Kunden bei Bedarf aber auch wieder auf die Beine. So hat sie beispielsweise einen Frisörladen durchkämmt und auf kostengünstigere Abläufe umgestellt. Auch wenn sie schon niedergelassene Ärzte angesprochen hat, betreut Kirchner nur das Handwerk. Die Besonderheit ihres Angebotes liegt in ihrer Vielseitigkeit und ihrem hohen organisatorischen Wissen und Können. Außerdem kennt sie, in einem Handwerkerhaushalt aufgewachsen, ihre Zielgruppe schon seit Kindertagen.

Der Logistikberater Hillenbrand arbeitet hochspezialisiert. Vielleicht geht er damit ein Risiko ein. Wer sich auf ein so begrenztes Feld begibt, läuft Gefahr, durch eine Reorganisation der Kunden oder ein auf deren Probleme zugeschnittenes Computer-Programm aus dem Rennen zu fallen.

Dieses spezielle Know-how einem weiteren Kundenkreis anzubieten, bringt etwas Sicherheit ins Geschäft. Logistische Hilfen, um am Beispiel zu bleiben, brauchen auch andere. Das Stammgebiet, Geld- und Werttransporte, bildet dann den Schwerpunkt, der bei Bedarf verlagert werden kann. Aus dem Spielbein wird das Standbein.

Kirchner mit dem ambulanten Büro-Service muss an anderer

Stelle aufpassen. Was sie bietet, können so viele gebrauchen, dass sie sich vor Aufträgen nicht mehr retten kann. Jemanden zu finden, der für sie arbeitet und genauso viel bringt wie sie, ist nicht leicht. Das muss eine Frau mit einem ähnlichen Hintergrund wie Kirchner sein – Handwerkertochter und Meisterfrau. Doch solche Geschöpfe laufen selten frei herum.

Existenzgründer, deren Geschäft derart breit gefächert ist, müssen deshalb ebenfalls einen Schwerpunkt bilden. Nicht, um wie die Hochspezialisierten von einem Bein auf das andere umsteigen zu können, sondern um nicht den Boden unter den Füßen zu verlieren.

»Schwerpunkt statt Nische«, empfiehlt deshalb der Unternehmensberater Peter Fischer so ziemlich allen Einzel-Selbstständigen.

**Fazit:** Wer keine sichere Nische gefunden hat, sollte den Markt nicht allzu eng angehen. Gerade Dienstleistern bringt es mehr, einen Schwerpunkt zu suchen als in Marktlücken oder Nischen zu gehen.

## Zielgruppe

Sie heißen weder McDonald's noch Coca-Cola. Und nichts liegt Ihnen ferner, als irgendwelche Massenware abzusetzen. In dem kleinen, feinen Markt, der Ihnen vorschwebt, kennt jeder fast jeden. Oder Ihr Kundenkreis ist Ihnen bereits vorgegeben, bei dem was Sie planen. Warum sollten Sie sich mit Zielgruppen-Fragen abplagen?

Vielleicht machen Sie es doch, bevor Sie die falsche Wahl treffen, denn Sie haben fast immer die Wahl. Sonst legen Sie sich auf Kunden fest, die Sie auf keinen grünen Zweig kommen lassen und nach Monaten harter Arbeit in die Pleite treiben. Ihr kleiner, feiner Kundenstamm drückt die Preise und zahlt monatelang nichts. Sie werden durch Zeitdruck und ständige Nachbesserungen bis aufs Mark ausgequetscht und derart in die Spezialisierung getrieben, dass andere gar nichts mehr mit Ihnen anfangen können.

Zügeln Sie Ihren Appetit auf die feinen Adressen. Gerade jene glänzen selten durch ihre Zahlungsmoral, solche Leute lassen Sie, wenn Sie keine Rücklagen haben, am ausgestreckten Arm verhungern. Untersuchen Sie deshalb das Verhalten der verschiedenen Käufer- und Auftraggeberkreise. Finden Sie nicht nur heraus, welche Bedürfnisse Sie künftig befriedigen dürfen, sondern ob Sie das können und wollen.

- Welche Personen/Firmen bilden Ihre Zielgruppe?
- Wie hoch ist deren Zahl?
- Welche sind mit dem bisherigen Angebot unzufrieden?
- Welche sind neu am Markt?
- Wie sind Art und Umfang der Nachfrage?
- Welche Gewohnheiten haben sich ausgebildet?
- Wann und wie oft wird bestellt/gekauft?
- Wie ist die Einstellung/Wertschätzung gegenüber dem Angebot?
- Welche Gründe gibt es für den Auftrag/Kauf?
- Wer sind die Pioniere, die gern Neues ausprobieren?
- Wer sind die Meinungsbildner (»Opinion leaders«)?
- Wo sitzen die Multiplikatoren?

Pioniere – im Marketing-Deutsch »Konsum-Pioniere« genannt –, Meinungsbildner und Multiplikatoren geben den Ton an. Auf sie schauen und hören die anderen. Wer sie gewinnt, hat ein leichtes Spiel. Dabei ist zu beachten, dass die Pioniere eine Sonderstellung einnehmen und nicht von jedermann gleich nachgeahmt werden. Dafür sind sie meist zu sehr Exoten. Eine zentrale Rolle spielen jedoch die Meinungsbildner. Ihr Wort gilt in der Branche. Oft ist ihr Einfluss weitaus größer als der von den meist außenstehenden Multiplikatoren (Medien, Pädagogen, Politiker, Experten und Sachverständige, etc.).

Nachdem Sie nun die Strukturen der Zielgruppe erkennen, können Sie strategische Schwerpunkte setzen. Nach der reinen Lehre geht der Markteinsteiger zuerst die Pioniere an. Es könnte sich aber auch empfehlen, alle jene zu gewinnen, die am bisherigen Angebot noch vieles auszusetzen haben. In manchen Fällen kommt der Einsteiger am ehesten zum Zug, wenn er sich an Firmen/Personen wendet, die ihrerseits ebenfalls neu im Geschäft sind.

Auf keinen Fall dürfen Sie die Meinungsbildner und Multiplikatoren vergessen. Die einen werden Sie nur langsam gewinnen, den anderen können Sie meist ohnehin nichts verkaufen. Doch Sie brauchen beide von Anfang an. Was Meinungsbildner und Multiplikatoren von sich geben – auch über Sie – wird im gesamten Markt gestreut. Es sollten nur gute Botschaften über Sie sein.

Bestimmen Sie selbst, wo Sie Ihre Schlüssel-Zielgruppe sehen, die Ihnen hilft, den Markt zu erschließen. Sie wird in den meisten Fällen ein gewisses Ansehen genießen und mit ihren Urteilen und Empfehlungen weit ausstrahlen.

Legen Sie zudem Ihre Kernzielgruppe fest. Das können Kunden sein, die einen besonders hohen Bedarf an Ihrem Angebot haben. Oder Kunden, die angemessen wertschätzen und bezahlen, was Sie zu bieten haben. Vielleicht nehmen Sie sich einen Kundenkreis vor, dessen Kaufverhalten auf den gesamten Markt ausstrahlt. Es kommt ganz auf Ihre Ziele an.

Existenzgründer stehen oft ziemlich alleine da. Deshalb sollten sie sich mit ihren Kunden verstehen. Die sogenannte Chemie muss stimmen. Das hilft, die Kunden zu halten. Dieser Gesichtspunkt muss bei der Wahl der Kernzielgruppe mitentscheiden.

**Fazit:** Nur wer den Kundenkreis auf seine inneren Strukturen hin abklopft, findet heraus, ob dieser zu ihm passt und wie er den Markt am besten erschließt.

## Optik

Ein früherer Redaktionskollege, wie die Autorin seit fast zehn Jahren freiberuflich tätig, versteht recht viel von Marketing. Als er einstieg, wollte er nicht in der grauen Masse der »freien« Journalisten untergehen, und nannte sich Medienbüro. Während andere sich die Finger für ein Zeilenhonorar abschrubbten, übernahm sein Medienbüro gleich Großaufträge, wobei es sich von befreundeten Journalisten zuliefern ließ. Das Büro war Auftragnehmer und Auftraggeber zugleich.

Eines Tages riss der Kollege das Steuer herum. Er drehte fast nur noch für das Fernsehen und änderte sein gesamtes Erscheinungsbild. Aus dem Medienbüro wurden die »Productions«, und er bezog ein schickes Dachgeschoss, wo er sich ein Mittelding zwischen Studio und Büro einrichtete. Nun arbeitete er nicht mehr zu Hause, musste nicht mehr nebenbei die Kinder hüten und alle Besucher ins benachbarte Café führen. Er hatte Platz für die neue Technik und zweckmäßiges Mobiliar. Jeder sah: er meinte es wirklich ernst.

Wer einen halbwegs vertrauenserweckenden Auftritt machen will, braucht auch als Klein-Unternehmer oder Einzelselbstständiger

- einen aussagefähigen Geschäftsnamen,
- ein Logo mit Sympathiewert und Symbolgehalt,
- einheitlich gestaltete Geschäftspapiere (Visitenkarten, Briefbögen, etc.) in einheitlicher Typographie und Grafik,
- einen vorzeigbaren Arbeitsplatz,
- angemessene Garderobe.

Manche räumen zunächst einmal eine Wohnzimmerecke aus und zwängen dort alles hinein, was sie zum Arbeiten benötigen. Präsentabel ist so ein Platz selten. Doch das Erscheinungsbild des Papiers des Existenzgründers sollte sich von Anfang an sehen lassen können. Viele stellen etwas Brauchbares am Computer zusammen. Überschätzen Sie sich dabei nicht. Manchmal geht das ziemlich daneben. Probieren Sie lieber mehrere Möglichkeiten aus, und fahren Sie dann einen »Putzfrauentest« (Marketing-Deutsch): Legen Sie Ihren Bekannten und Verwandten die Kreationen vor, und fragen Sie nach deren Urteil.

Wer es sich leisten kann, beauftragt einen Profi. Sie haben die Wahl zwischen einem preisgünstigen Freelance-Grafiker und der Corporate-Design-Abteilung einer Werbeagentur. Corporate Design fängt bei Ihren Geschäftspapieren an, hört dort aber noch lange nicht auf.

Wenn Karin Frohnauer und Andrea Krause durch ihre flotte, kleine Werbemittel-Agentur führen, präsentieren sie voll durchgestylte Optik. Einem befreundeten Grafiker sagten sie genau, was sie wollten: eine Zielscheibe, die »Powerfarbe« Orange sowie das seriöse und »technologische« Blau. Bis hin zum Türschild machte der Grafiker seinen Job. Die dazu passenden Möbel, Kleiderbügel und Kaffeetassen besorgten die Damen selber. Nun haben sie einen ziemlich geschlossenen Auftritt und zeigen sich gerne her mit ihrer Firma Win Promotions.

Nicht jeder geht mit der Optik so sicher um wie die beiden Werbefachfrauen. Gänzlich Unbedarfte sollten zunächst einmal schauen, wie ihre Mitbewerber sich darstellen. Dann müssen sie festlegen, welchen Platz sie in diesem Umfeld besetzen möchten. Dabei hilft es oft, Gegensätze aufzustellen und daraus ein Feld zu bilden.

| | | | | | | |
|---|---|---|---|---|---|---|
| progressiv | 1 | 2 | 3 | 4 | 5 | konservativ |
| preiswert | 1 | 2 | 3 | 4 | 5 | hochpreisig |
| spezialisiert | 1 | 2 | 3 | 4 | 5 | vielseitig |
| u. a. | | | | | | |

Dann heißt es: eintragen, wo die Mitbewerber liegen, und ein Plätzchen für einen selber finden. Sie können entweder eine Nische abdecken oder sich dorthin setzen, wo Sie Ihr großes Vorbild sehen. Im Marketing heißt dieser Vorgang »Positionierung«.

Wenn Sie wissen, wo Sie stehen möchten, fällt es Ihnen leichter, sich für einen bestimmten Auftritt zu entscheiden. Das beginnt beim Briefbogen und geht hin bis zum fahrbaren Untersatz. Sogar die Restaurants, in die Sie Ihre Geschäftsfreunde führen, tragen bei zu Ihrem Gesamtbild. Aber nennen wir es lieber »Erscheinungsbild«, denn Sein und Schein müssen einander nicht immer entsprechen.

**Fazit:** Gute Optik muss nicht viel kosten. Dafür sollte ihr gründliche gedankliche Arbeit vorausgegangen sein: Welches Umfeld habe ich und mit welchem Erscheinungsbild besetze ich darin meinen Platz?

## Standort

Wenn die Fast-Food-Kette McDonald's einen Standort sucht, entscheidet die Umsatz-Maximierung. Es wird gezählt und gemessen, wie viele Passanten – oder bei McDrive: Autos – vorbeikommen; der Standort mit den höchsten Werten erhält den Zuschlag. Das kann sich nicht jeder leisten. Gerade Existenzgründer müssen die Preise im Auge behalten. Und die 1a-Lagen mit der höchsten Kundenfrequenz und dem dichtesten Einzelhandelsbesatz braucht wirklich nicht jeder.

Schon mittelgroße Fachgeschäfte begnügen sich mit den 1b-Lagen der Innenstädte. Wer auf eine treue Stammkundschaft rechnen kann, kommt mit den noch ruhigeren 1c-Lagen klar. Vielleicht sogar mit den 2a-Lagen der Mischgebiete in den Vororten. Dort halten sich vor allem die Grundversorger gut – Lebensmittelgeschäfte, etc.

Doch viele Existenzgründer brauchen keine Lauflage. Sie warten nicht darauf, dass Kunden kommen – sie suchen diese auf. Für sie geht es meistens darum, die Kosten niedrig zu halten. Im Gegensatz zu McDonald's zählt bei ihrer Standortwahl vor allem die Kosten-Minimierung.

Manche fangen deshalb ganz klein an: Es muss nicht die legendäre Garage von Microsoft-Gründer Bill Gates sein. Bei vielen ist es die Arbeitsecke in der Privatwohnung – ringsherum Regale, auf denen sich immer mehr Arbeit türmt. Die geschiedene Meisterfrau mit ihrem ambulanten Büroservice fing so an, und so begann auch der Fernsehjournalist (siehe Kap. Optik).

Beide wuchsen da heraus. Sie brauchten mehr Platz, fuhren

höhere Erträge ein und konnten es sich leisten, einen Standort nach Marketing-Gesichtspunkten zu suchen.

Der Büroservice folgte den Kunden ins Gewerbegebiet. Damit rückte er nicht nur näher ans Geschäft heran, sondern auch an die Lebenswelt der Kunden, was eine Identifikation mit der Zielgruppe auswies. Indessen begab sich der Fernsehjournalist in einen Altbau, an dessen Eingang viele Messingschilder glänzten. Mit den Anwälten und Steuerberatern im Haus hob er seine Professionalität und Seriosität hervor.

Wer sich hingegen unter lauter Kreative setzt, unterstreicht eine andere Komponente seines Images. In so manchen ausgedienten Fabrikhöfen und -hallen ziehen Medienleute ein, um dort Tür an Tür mit ihresgleichen etwas für ihr Außenbild zu tun. Und damit auch fürs Auftragsbuch.

Unterschätzen Sie als Selbstständiger nie die Ausstrahlung ihres Umfeldes. Adressen setzen nun mal Signale. Und unterschätzen Sie nicht die Ortskenntnisse ihrer Kundschaft. Eine Kundin aus Düsseldorf überraschte mich kürzlich mit genauen Kenntnissen einer weitgehend unbekannten Straße in München, in der ich mein Büro habe.

Bei der Standortwahl haben Sie tatsächlich die Wahl zwischen:

- Umsatz-Maximierung,
- Kosten-Minimierung,
- Logistik, Transportkosten,
- Identifikation,
- Image-Pflege oder -Korrektur
- Gewerbesteuer-Hebesatz,
- Konkurrenzsituation,
- Nähe zu Kunden,
- Nähe zu Lieferanten.

Mal wird der Absatzmarkt entscheiden, mal die Verkehrslage – in vielen Fällen werden aber die Mietkosten den Ausschlag geben. Deshalb beginnen nicht wenige Existenzgründer in einer Arbeitsecke – günstigerenfalls in einem Arbeitszimmer – bei sich zu Hause. Dafür spricht nicht nur die Mietersparnis. Der Weg zur Arbeit verkürzt sich auf wenige Meter und Minuten. Das steigert Effektivität und Flexibilität. Geht es mal ruhiger zu im Geschäft, dürfen Sie sich dem Haushalt, den Kindern, der Regeneration oder Ihren Hobbys zuwenden. Andererseits können Sie bei entsprechendem Arbeitsanfall – nach dem familiären Abendessen – eine Spätschicht einlegen, ohne dass Sie dafür aus dem Hause müssen.

Selbst dem Einzelhandel können Sie von zu Hause aus nachgehen. Bevor Sie sich für ein Ladengeschäft entscheiden, prüfen Sie zunächst die Möglichkeiten des Versandhandels. Die moderne Telekommunikation und die Bequemlichkeit der Verbraucher begünstigen diesen. Mit einem Versandhandel zahlen Sie keine Ladenmiete, haben keine starren Geschäftszeiten und Ihre Kundschaft beschränkt sich nicht auf das Einzugsgebiet.

Wer von zu Hause aus arbeitet, hat manchmal ein Imageproblem. Es sieht vielleicht so aus, als würde das Geschäft eher hobbymäßig betrieben werden. Da inzwischen aber einige Firmen ihre Mitarbeiter zu Hause hinsetzen und über Computer und Modem ans Netz nehmen, wird der Eindruck von mangelnder Professionalität allmählich nachlassen. Dem Teleworking gehört die Zukunft.

Vielen gelingt es allerdings nicht, eine Grenze zwischen Geschäfts- und Privatbereich zu ziehen. Sie rühren im Kochtopf, während sie über Handy einen Auftrag entgegennehmen. Und wenn Oma am Sonntag vorbeikommt, geht ihnen ständig das Problem mit dem neuen Kunden durch den Kopf. Das mag einige nicht stören. Auf Dauer schadet es aber dem inneren Gleichgewicht und der Gesundheit. Trennen Sie deshalb im Hinblick auf Zeit und Raum so scharf wie möglich zwischen Arbeit und Freizeit.

Manche schaffen das nur, wenn sie separate Geschäftsräume anmieten. Für Existenzgründer ist das nicht immer leicht. Vermieter begegnen ihnen oft mit Misstrauen. Sie glauben nicht an den Erfolg. Das verhindert so manchen Vertrag. Gerade Privatvermieter zeigen sich vorsichtig. Profis kennen ihre Möglichkeiten besser und kommen den Existenzgründern öfter mal entgegen.

Nach langer Odyssee durch die repräsentativen Altbau-Büroflächen der Stadt landeten die beiden jungen Werbeagentur-Chefinnen (siehe Kap. Optik) in einem Neubau. Die Wohnungsbaugesellschaft nahm sie mit offenen Armen, weil sie von dem schicken, glamourösen Gewerbe einen Imagegewinn für ihr Areal erwartete.

Sie nutzten jedoch dem Außenbild des Standortes mehr als dieser dem ihren. In dem Mischgebiet mit Wohnungen und kleinen Ladengeschäften kamen die Werberinnen nicht sogleich an die dicken Brocken ihrer Branche heran. Doch immerhin: Kaum hatten sie eröffnet, meldete sich gutnachbarlich aus dem Viertel der Einzelhandel mit Aufträgen.

**Fazit:** Bei der Standortwahl geht es oft nur um die Kostenfrage. Dabei lässt sich mit der passenden Adresse bereits Marketing betreiben. Durch die Wahl des Umfeldes können Sie sogar das Image zielgerecht steuern.

## Produktdesign

Wohl jeder kennt die Elektrogeräte der Braun AG. Aber kaum einer weiß, dass die Firma damit seit Jahrzehnten Design-Preise gewinnt. Da es dabei nicht nur um Äußerlichkeiten geht, kann auch ein reiner Dienstleister von gutem Produktdesign lernen. Sein Angebot muss genauso auf die Bedürfnisse des Kunden hin entworfen sein und dabei entsprechend wirken.

Wie der Rasierer, der gut in der Hand liegt, muss sich jedes Produkt – auch das des Dienstleisters – ins System des Abnehmers einfügen. Die Kundschaft sollte immer wieder darauf zurückkommen. Dazu muss das Produkt echte Erfolgserlebnisse schaffen. Es muss – um beim Beispiel des Rasierers zu bleiben – griffsympathisch sein und eine gewisse »Materialerotik« ausstrahlen. Dann reizt es zur Nachfrage und zum erneuten Gebrauch.

Störfälle dürfen nicht auftreten. Das Produkt muss sich sicher bedienen lassen und soll leicht und bequem zu handhaben sein. Jede Ware, jede Dienstleistung löst irgendein Problem. Der Kunde kauft und bestellt, um sich das Leben oder die Arbeit zu erleichtern. Er will durch den Kauf, die Auftragsvergabe nicht neue Probleme heraufbeschwören. Alles sollte zuverlässig und kundenfreundlich ablaufen. Und der Kundendienst gehört natürlich auch dazu.

Design dient der Profilierung. Das Angebot muss sich vom Wettbewerb abheben. Im günstigsten Fall kommt dabei so etwas wie ein einzigartiger Vorteil für den Kunden heraus: USP (Unique Selling Proposition) heißt dies im Marketing-Deutsch. Der USP entsteht entweder bei der Produktentwicklung, also im ursprünglichen Angebot. Oder er entspringt geschickten Anpassungen an den Markt.

Manchmal ist es der sogenannte Zusatznutzen, der das Angebot über das des Wettbewerbers hinaushebt. Dies kann rein technischer oder finanzieller Natur sein. Er kann aber auch Image-Qualitäten haben. So kauft sich Herr X die Uhr Y nicht nur, um immer zu wissen, was die Stunde geschlagen hat, sondern um sich als Zugehöriger einer bestimmten Gesellschaftsschicht auszuweisen.

Stellen Sie Ihr Angebot auf den Prüfstand und untersuchen Sie es mit folgenden Fragen:

- Welche Eigenschaften?
- Welcher Zusatznutzen?
- Welche Problemlösung?
- Welcher einzigartige Vorteil (USP)?
- Welche Nachteile?
- Anpassungsfähigkeit an die Nachfrage?
- Integrierbarkeit ins Kundensystem?
- Handhabung und Komfort?
- Betriebssicherheit?
- Sympathiewerte und Attraktivität?
- Profil?

Bei der Profilfrage hilft die Positionierungs-Technik (siehe Kap. Optik). Gegensätzliche Eigenschaften wie »progressiv – konservativ« bilden die Pflöcke, zwischen denen sich die Mitbewerber tummeln. Die Spannweite kann bis zu zehn Punkte betragen. Wer also weder »progressiv« noch »konservativ« erscheint, liegt in der Mitte.

Finden Sie die Merkmale heraus, die das Angebot auf Ihrem Markt kennzeichnen. Bilden Sie Gegensatzpaare und setzen Sie zwischen diesen die Punkte ein, die die Position Ihrer Mitbewerber widerspiegeln. Sie können die jeweiligen Punkte zur besseren Übersicht mit Strichen verbinden, wobei dann eine Kurve entsteht. Betrachten Sie nun diese einzelnen Profile und fragen Sie nach dem bisherigen Erfolg der jeweiligen Positionierung. Danach legen Sie Ihr eigenes Profil fest. Suchen Sie sich ihr Plätzchen in einem möglichst erfolgversprechenden Umfeld.

Eine Monopolstellung im Markt gelingt nur wenigen. Viele schaffen den Durchbruch aber, ohne einen einzigartigen Vorteil zu bieten. Sie ziehen bei einem Trend mit oder werden Trittbrettfahrer. Im Marketing-Deutsch heißt diese Vorgehensweise »Me-too«. Wer als erster mit diesem Anspruch dem sogenannten Marktmacher folgt, genießt nicht selten bald ähnlich guten im Ruf wie dieser. Der Firma PepsiCo. hat es überhaupt nicht geschadet, der Coca-Cola Company ins Wunderland der braunen Brause gefolgt zu sein. Oder war es gar umgekehrt?

Diese braune Brause hält sich unverwüstlich im Markt. Doch auch sie hat wie jedes Produkt einen Lebenszyklus. Erst stößt das zarte Pflänzchen scheu ans Licht, dann wächst es, und schließlich erreicht es mehrere Reifegrade bis hin zur Marktsättigung. Spätestens dann müssen sich die Anbieter etwas einfallen lassen. Meistens züchten sie ein paar Ableger, die eine Modernisierung des Originals vorgeben (»Diet Coke«, »Pepsi light«, etc.). Oder sie suchen ein neues Terrain; die Cola hat schon einen langen Marsch vom Heilmittel über das Pausengetränk zum Freizeit-Spaß hinter sich.

Finden Sie heraus, in welchem Lebenszyklus Ihr Produkt steckt. Wenn Ihr Angebot bereits auf eine gewisse Marktsättigung trifft, müssen Sie besonders sorgsam darüber nachdenken. Gestalten Sie es so aus, dass es neu erscheint. Sie wollen doch nicht, dass alle gähnend abwinken, wenn Sie Ihr Produkt vorstellen.

**Fazit:** Produktdesign verhilft auch Dienstleistern zum Markterfolg. Stellen Sie Ihr Angebot zunächst auf den Prüfstand und trimmen es dann auf den Markt zurecht. Was Profil, Betriebssicherheit, Problemlösung und Lebenszyklus bedeuten, können Sie bei den Großen des Marketing sehen.

## Preispolitik

Wenn Sie eine Bluse oder ein Hemd für fünfzehn DM im Laden sehen, prüfen Sie misstrauisch die Knöpfe durch. Vielleicht fassen Sie so ein Teil erst gar nicht an. Jeder könnte erraten, was es gekostet hat. Preise beeinflussen den Gesamteindruck. Sie veranlassen zu Rückschlüssen auf die Qualität des Angebotes – und manchmal auf die des Anbieters.

Preise stellen ein Versprechen dar. Bei einer Bluse, die mehrere hundert DM gekostet hat, darf kein Knopf wackeln. Mit einem so teuren Stück dürfen Sie sogar einen Beitrag für Ihre Imagepflege erwarten, bewundernde Blicke inbegriffen.

Zudem treffen Sie mit dem Tragen einer Edel-Klamotte eine Aussage über Ihren Platz in der Gesellschaft. Das Produkt sagt hauptsächlich über den Preis, zu welcher Kategorie es zählt. Sie greifen meist nur dann zu, wenn Sie diese Zuordnung mit Ihrer eigenen verbinden können. Aller »Aldisierung« zum Trotze wählen Sie ausschließlich auf diesem Level aus.

Allein aus dieser Sicht leisten Preise einen erheblichen Beitrag zum Marketing. Sie prägen:

- Produktbild,
- Qualitätsversprechen,
- Kategorisierung,
- Statusversprechen,
- Image.

Freischwebend in den höheren Sphären von Image, Prestige und Reputation bewegen sich aber nur wenige Anbieter. Vom Wettbewerb und den betriebswirtschaftlichen Gegebenheiten werden die meisten auf den harten Boden der kaufmännischen Zwänge zurückgeholt. Wer die Preise zu hoch ansetzt, verkauft üblicherweise weniger und bleibt auf seinen Kosten sitzen. Zu billig darf indessen keiner seine Ware oder Dienstleistung anbieten. Sonst stimmen zwar die Stückzahlen, aber nicht die Gewinne.

Deshalb sind bei der Preisgestaltung mindestens zehn Einflussgrößen zu berücksichtigen:

- Kostenlage,
- Auftragsmenge/Stückzahlen pro Monat,
- Gewinnziel,
- Preise der Mitbewerber,
- Umsatz und Gewinne der Kunden,
- Auftragsbudget der Kunden,
- Wirtschaftslage,
- Entwicklung der Nachfrage,
- Trends auf der Angebotsseite,
- Wettbewerbsstil.

Oft bestimmt der Lebenszyklus des Produktes (siehe Kap. Produktdesign), welcher Wettbewerbsstil im Markt vorherrscht. Gesättigte Märkte neigen zum Verdrängungswettbewerb. Da das Produkt in voller Reife steht, muss nun alles über den Preis laufen. Anbietern von gänzlich Neuartigem geht es da besser. Sie können einen satten Gewinn aufschlagen, solange sie nicht die Schmerzgrenze überschreiten.

Das lässt sich auch bei äußerst rarem, aber heftig nachgefragtem Angebot durchziehen. Einige EDV-Berufe profitieren von einem erheblichen Nachfrage-Überhang, und die Fachkräfte diktieren – insbesondere als Selbstständige – die Preise. Sie können, wie es im Marketing-Deutsch heißt, den Markt abschöpfen (siehe Kap. Markteintritt).

Nicht jeder verlangt Einheitspreise. Manche unterscheiden

- zeitlich (Saison, Stoßzeit etc.),
- räumlich (In- und Ausland, EU-Raum etc.),
- Kunden (Handwerks-, Industriebetriebe, o.ä.),
- nach Abnahmemengen,
- nach Vertragsdauer.

Bei der Preisgestaltung sind der Kreativität kaum Grenzen gesetzt. Nur das Wettbewerbsgesetz muss eingehalten werden. Es gibt darauf eingefuchste Rechtsanwälte, die der ideenreiche Preisgestalter im Zweifelsfall hinzuziehen sollte.

Zudem darf kein Verdruss bei der Kundschaft entstehen. Nicht jeder sieht ein, dass er mehr bezahlen soll, weil es das Ordnungssystem des Lieferanten so vorsieht. Es muss allgemein nachvollziehbar sein, dass unterschiedliche Bedingungen sich in verschieden hohen Preisen niederschlagen.

**Fazit:** Der Preis leistet einen erheblichen Beitrag zum Image des Produktes – ob Ware oder Dienstleistung. Bei all den kaufmännischen Zwängen, denen die Preisgestaltung unterworfen ist, darf der Marketing-Aspekt nicht vergessen werden.

## Markterschließung

Kaum hatten Karin Frohnauer und Andrea Krause ihr Firmenschild aufgehängt, kam schon Kundschaft. Davon träumen andere nur. Doch den beiden Gründerinnen schwebten für ihre Werbemittel-Agentur größere Aufträge vor als die der umliegenden Ladengeschäfte. Von den Frisören und Boutiquen im Viertel konnten sie nicht leben. Sie mussten ihren Markt erschließen.

Das sagte sich auch der Fernsehjournalist. Er konnte vom ZDF einigermaßen leben. Doch nach einem Jahr der Selbstständigkeit wollte er nicht mehr ausschließlich für den Sender arbeiten, dem er bereits als Praktikant die Kabel geschleppt hatte. Er ging zu einschlägigen Veranstaltungen und sichtete den Markt. Nach sechs Monaten hatte RTL angebissen. Und bei seinem Stammsender lieferte er nun für eine weitere Sendung.

Wer seinen Markt erschließen will, braucht Überblick. Man muss die wichtigsten Kanäle kennen – die Mittler, Meinungsbildner,

Händler und Vertreter sowie die Vertriebswege. Oft genügen schon Auftritte auf den Kontaktbörsen, die fast jede Branche unterhält. Sogar eine einzige Schlüsselfigur kann Türen öffnen, weil sie entscheidend rät und weiterempfiehlt. Solche Leute schneien bei einem nicht zufällig herein. Die finden sich nur bei einer gewissen Umtriebigkeit.

Überblicken und nutzen Sie

- Vertriebskanäle,
- Online-Foren,
- Agenten, Berater, Mittler,
- Händler,
- Meinungsbildner u. a. Schlüssel-Zielgruppen,
- Messen, Ausstellungen,
- Kongresse, Tagungen, Arbeitskreise,
- Verbände,
- Branchenorgane, Fachmedien.

Wer sich hier tummelt, erhöht seinen Bekanntheitsgrad. Zudem wächst allmählich das Vertrauen in die Person und die Arbeit. Schlüssel-Zielgruppen genießen meist hohes Ansehen (siehe Kap. Zielgruppen). Gewinnen Sie als Markteinsteiger diese, dann ziehen andere nach.

Weisen Sie auf Geleistetes hin. Dazu dienen Arbeitsproben, Erfolgsnachweise, Fallbeispiele, Kundenlob und andere Referenzen, Vorträge und Fachartikel.

Bleiben Sie dran. Hartnäckigkeit gefällt vielen. Aber vergessen Sie nie, sich Rückmeldungen zu holen. Sie sollten stets die Bedarfslage kennen. Fragen Sie danach.

**Fazit:** Überlassen Sie es nicht dem Zufall, wer bei Ihnen Kunde wird. Sie kommen weiter, wenn Sie wichtige Leute gewinnen sowie Foren und Kontaktbörsen nutzen. Das schafft Bekanntheit und Vertrauen.

## Verkauf

Ich erzählte einem Kunden, dass ich ein Buch schreiben würde, und bat um einen Tipp zum Thema »Verkauf«. Wir kannten uns nur vom Telefon. Doch das hatte unserer Zusammenarbeit lange nicht geschadet. Seit kurzem aber fuhr sein Blatt eine neue Linie, und wir konnten uns nicht mehr auf einen Auftrag verständigen. Da schlug mir der Kunde vor, ihn zu besuchen. Im persönlichen Gespräch wollte er am Angebot feilen und erklären, worum es der Redaktion seit Neuestem gehe. Ein solches Gespräch sei im Übrigen auch sein Tipp zum Thema »Verkauf«.

Für ein persönliches Verkaufsgespräch spricht vieles. Das zwischenmenschliche Verhältnis wird gestärkt, im günstigen Fall schafft es gegenseitiges Vertrauen. Wer sich bereits Auge in Auge gegenüber saß, kommt später am Telefon oder per E-Mail besser miteinander zurande. Das beschleunigt den Ablauf und spart Geld und Nerven.

Im Gespräch lässt sich das Angebot schnell auf die Nachfrage zurechttrimmen. Der Kunde sagt, wie er es haben will, und der Anbieter geht darauf ein, sofern er dies kann. Es kommt nicht nur zu einer direkten Rückmeldung, sondern zu einem brauchbaren Ergebnis.

Im persönlichen Gespräch kann der Verkäufer die Wünsche und Bedürfnisse des Kunden herausfinden. Er erlangt Hintergrundwissen über den künftigen Bedarf, die Angebote des Wettbewerbs, Trends sowie personelle und organisatorische Veränderungen. Diese Informationen gibt am Telefon kaum jemand kund.

Auge in Auge lässt sich besser verhandeln. Dabei muss es nicht um den Preis gehen. Auch Art und Umfang des Auftrages, die Termine und Konditionen können im persönlichen Gespräch genau abgestimmt werden. Dabei kommt es oft auf die Zwischentöne an, und die gehen am Telefon, online oder im Brief verloren.

Was gegen das persönliche Verkaufsgespräch spricht, sind die hohen Kosten. Wenn die Kunden zu Ihnen kommen, hält sich Ihr Aufwand noch in Grenzen. Aber das widerfährt kaum einem Anbieter; es sei denn, er betreibt ein Ladengeschäft. Meist muss der Verkäufer anreisen, um die Vorzüge eines persönlichen Gesprächs zu erlangen. In dieser Zeit müssen andere Aufträge unerledigt bleiben. Im Flieger oder im Zug zu arbeiten, liegt nicht jedem.

Deshalb gehen viele den anderen Weg:

- Anruf,
- Nachfrage wecken,
- Kaufbereitschaft erkunden,
- Angebot erstellen – schriftlich,
- Preis, Termine, Konditionen aushandeln,
- Wünsche des Kunden zur Arbeit und Abgabe,
- Liefern,
- Anruf wegen Kundenzufriedenheit und neuer Kaufbereitschaft.

Kostspielige Reisen bleiben dem Anbieter bei dieser Vorgehensweise erspart. Wenn aber nicht alles glatt geht, muss er doch reisen – nachbessern, besänftigen, retten. Wer beim ersten Vorstoß abblitzt, muss nicht gleich aufstecken. Vielleicht gibt es einen besseren Ansprechpartner oder eine günstigere Zeit. Erkundigen Sie sich. Fragen Sie sich durch. Recherchieren Sie alles über die Entscheider, Entscheidungs-Vorbereiter (ja, die heißen tatsächlich so), ihre Organisation und ihre Präferenzen.

Beim zweiten Anlauf sind Sie besser vorbereitet. Sie weisen auf Ihre Erfolge hin, geben Proben Ihrer bisherigen Arbeit ab und stellen sich als Problemlöser dar. Vielleicht wurde bereits über Sie veröffentlicht, und Sie können dies beilegen. Oder Sie haben Ihre Angebotsmappe, Ihre Produkt-Präsentation, Ihre Werbemittel, und schicken die los.

Wenn Ihr freundlicher Anruf danach immer noch keinen Zuschlag bringt, dürfen Sie nachlegen. Nach einem Besuch in seinem Büro ist so mancher Kunde dann weichgeklopft. Viele vertrösten aber zunächst. Manche haben tatsächlich keinen Auftrag oder sie wollen sich vor einer klaren Absage drücken. Finden Sie heraus, ob es Sinn hat, den Vorgang auf Wiedervorlage zu nehmen.

Viele sind mit Lieferanten voll eingedeckt. Sie setzen auf Kontinuität und geben Neulingen keine Chance. Gute Aussichten haben Markteinsteiger aber bei personellem Wechsel. Ein frisch installierter Entscheider schaut sich gerne unter den »Schönen« des Landes um. Auch neue Projekte öffnen so manchem Neuling die Tür. Warum sollte er es da bei denen versuchen, die keinen Frischling ranlassen und vielleicht sogar noch Aufträge einsparen müssen?

Verkauf ist ein Handwerk, das fast jeder lernen kann. Wenn es damit so gar nicht klappen will, besuchen Sie Seminare oder schauen Sie es sich bei den Erfolgreichen Ihres Fachs ab.

**Fazit:** Ein Besuch beim Kunden bringt oft den größten Verkaufserfolg. Dieser kostet nur meist sehr viel. Deshalb behilft sich so mancher mit einer Kombination von Telefonaten, Post und E-Mail.

## Werbung

Eine Allzweckwaffe ist die Werbung nicht, obwohl es häufig so aussieht. Allem Anschein nach müssen große Firmen nur viel Geld in Fernsehspots, Anzeigen und Plakate stecken, und der gewünschte Erfolg stellt sich ein. Trotz ihrer bescheidenen Mittel dürften selbst die angehenden Kleinunternehmer und Einzelselbstständige, die dieses Buch hier anspricht, die Vielseitigkeit der Werbung schätzen.

Werbung begleitet und verstärkt die Verkaufsmaßnahmen. Ein beigelegter Folder oder der Verweis auf eine Anzeige wirken überzeugend. Werbung ergänzt den Verkauf. In einer freundlich überreichten Angebotsmappe kann der potentielle Kunde noch mal alle Einzelheiten durchlesen. Und Werbung ersetzt so manche Verkaufsmaßnahme. Wer sich persönliche Besuche nicht leisten kann, verschickt halt Werbebriefe.

Doch Werbung wirkt nur im Sinne dessen, der für sie bezahlt, wenn sie gewisse Voraussetzungen erfüllt. Welche genau das sind, wissen weder die Praktiker noch die Theoretiker mit voller Zuverlässigkeit. Einen Anhaltspunkt bietet die im Marketing verbreitete AIDA-Formel:

- **A**ttention – Aufmerksamkeit
- **I**nterest – Interesse
- **D**esire – Kaufwunsch
- **A**ction – Kauf

Ob Sie Folder drucken, Werbebriefe schreiben oder Anzeigen schalten: jede Ihrer Werbebotschaften lässt sich mit Hilfe der AIDA-Formel überprüfen. Um Aufmerksamkeit zu erlangen, dürfen Sie getrost aus dem Rahmen fallen. Das kann durch eine griffige Schlagzeile und ein visuelles Element geschehen. Anschließend sollten Sie zur Sachlichkeit zurückfinden. Wenn Sie darstellen, was Sie leisten können, brauchen Sie keine Gags. Sie wollen Interesse wecken.

Um Kaufwünsche zu fördern, müssen Sie die Käufer in den Mittelpunkt rücken – ihre Wünsche und Bedürfnisse. Diese sollen sich in der von Ihnen dargestellten Situation oder Problemlage wiedererkennen und Sie als Problemlöser wahrnehmen. Vergessen Sie nicht, die hohe Qualität zu versprechen, die Sie bieten. Und erwähnen Sie auch, wie schnell Sie liefern und wie zuverlässig Sie sich an Ihre Zusagen halten.

Wenn der Umworbene nun kaufen will, erleichtern Sie ihm diesen Schritt. Enthalten Sie ihm in Ihrer Werbebotschaft nicht Ihren vollen Firmennamen, die Anschrift, die E-Mail-Adresse sowie Handy-, Telefon- und Faxnummern vor. Er muss wissen wie, wann und wo er Sie erreichen kann. Bauen Sie ihm eine Brücke, und stellen Sie kein Hindernis in den Weg.

Jeder Werbeauftritt sollte im Einklang mit Ihrem Profil und der daraus hervorgegangenen Optik stehen (siehe Kap. Optik). Im Marketing heißt dies »Corporate Design« und soll Ausdruck der Firmenidentität (»Corporate Identity«) sein. Machen Sie sich diesen Ansatz zu eigen. Auch wenn Sie nur ein paar Mark für Ihre Werbung zur Verfügung haben, können Sie damit Ihr Image beschädigen.

Werbemittel sollten von Profis angefertigt werden. Auch wenn Sie am heimischen PC mit der passenden Software manches zurecht zaubern könnten, müssen Sie dieser Versuchung widerstehen. Wenn

Sie es sich irgendwie leisten können, sollten Sie zumindest die Gestaltung denen überlassen, die das gelernt haben. Bei der Textauswahl ist zu bedenken, dass Ihre Botschaft durch ein Überfrachten nur verliert. Ein wesentliches Merkmal guter Werbung ist die Reduktion. Sagen Sie das, was Sie transportieren wollen, lieber in mehreren Schritten, aber überfordern Sie die Umworbenen nicht.

Es kommt auf das Medium an, wie detailliert Sie Ihre Aussage treffen können. Je flüchtiger es benutzt wird, desto knapper müssen Sie sich fassen. Andererseits dürfen Sie ruhig ausführlich sein, wenn das der Umworbene, wie bei der Angebotsmappe zum Beispiel, erwartet.

Henry Ford soll gesagt haben, dass er die Hälfte allen für Werbung ausgegebenen Geldes zum Fenster hinauswerfe; er wisse nur leider nicht, welche Hälfte das sei. Der große Industrielle sprach damit ein Problem an, das alle Werber bis heute plagt: den Streuverlust.

Je kleiner die Zielgruppe ist, desto mehr ist er zu fürchten. Zwar gibt es für fast jedes Fachgebiet ein Blatt, Forum, Organ. Doch den Streuverlust gibt es da auch. Selbst Werbebriefe bergen die Gefahr des Streuverlustes. Vielleicht stimmt die Adresse nicht mehr, oder die angeschriebene Person hat neue Entscheidungsbefugnisse und gehört nicht mehr zur Zielgruppe.

Gehen Sie, bevor Sie werben, erst diese Checkliste durch:

- Welche Werbemittel?
- Welche Werbeträger?
- Welche Botschaft?
- Was ist hervorzuheben?
- Situation/Problem der Zielgruppe?
- Stil, der bei der Zielgruppe ankommt?
- Eigene Optik?
- Image?
- Ausdruck der Firmenidentität?
- Sympathiewerte?
- Professionalität?
- Seriosität?

Im Vordergrund steht die Frage des Budgets. Wie viel Geld können oder wollen Sie für Ihre Werbung ausgeben? Das wird in starkem Maße davon abhängen, welchen Erfolg Ihnen Ihre Werbung bringen soll. Ob Sie dieses Ziel dann erreichen, wissen Sie erst später. So gibt es beispielsweise in den Massenmedien den Tausender-Kontaktpreis, der sagt, was sie ausgeben müssen, um tausend Menschen zu erreichen. Ob diese Menschen dann bei Ihnen Kunden werden, geht daraus aber nicht hervor.

Selbstverständlich bietet die Werbebranche alle ihre Möglichkeiten auf, um Ihnen Daten zur Hand zu geben. In den meisten Fällen müssen Sie aber die Erfahrung machen, dass das Medium allein nicht den Ausschlag gibt. So hängt es viel von der Gestaltung der Werbung ab, ob sich der gewünschte Werbeerfolg einstellt oder nicht. Das gilt auch für das kleinste Werbegeschenk. Wenn Sie herausbekommen haben, welche Lieblingsblumen eine von Ihnen umworbene potentielle Kundin hat, haben Sie manchmal schon gewonnen.

**Fazit:** Die Trefferquote der Werbung ist oft schlecht. Versuchen Sie den Streuverlust gering zu halten, und schauen Sie sich die Werbemittel und Werbeträger genau an, für die Sie sich entscheiden wollen. Zudem hängt der Erfolg Ihrer Werbung davon ab, wie gut Sie diese gestaltet haben. Lassen Sie deshalb lieber Profis an die Sache.

## Kundendienst

Der einzige Blumenladen im Viertel kämpfte bereits ums Überleben. Da eröffnete gleich um die Ecke ein zweiter. Die Nachbarn rechneten nach einigen Wochen mit mindestens einer Geschäftsaufgabe, als die neue Floristin am Platze sich etwas einfallen ließ. Auf Kundenwunsch trugen Schüler oder Studenten nun Sträuße und Gestecke aus und sagten dazu ein vom Käufer gewähltes

Sprüchlein auf. Kunden, die kein passendes wussten, konnten sich eines im Laden aussuchen. Wer nicht aus dem Hause mochte, bekam Vorschläge per Fax oder Telefon.

Kundendienst kann, wie das Beispiel zeigt, Nischen schaffen und den Markt erweitern sowie in gesättigten Märkten die Nachfrage beleben. Nicht nur der neue Blumenladen blühte plötzlich auf, sondern auch der alteingesessene – die Leute im Viertel schenkten wieder gerne Blumen.

Nach der reinen Lehre ist Kundendienst ein Mittel, um den Absatz zu fördern – ähnlich wie die Werbung. Mehr als die meisten Instrumente im Marketing muss sich der Kundendienst an den Bedürfnissen der Käufer ausrichten. Ein Service, den die Kundschaft nicht braucht, ist eher ein Minus als ein Plus im Wettbewerb.

Wer aber einen Kundendienst anbietet, nach dem der Markt schon lange verlangt und den alle Mitbewerber bis dato vermissen lassen, schafft sich mit etwas Glück so etwas wie Alleinstellung. Kundendienst kann zum USP (Unique Selling Proposition) oder – frei übersetzt – einzigartigen Vorteil werden. Bis die Mitbewerber nachziehen.

Oft kommt es auf den richtigen Service-Mix an: Zustellungs- und Montage-Service, Garantieleistungen und Kulanz bei Reklamationen, Wartungen, Installationen, Systemanpassungen und Nachbesserungen. Denkbar sind zudem Schulungen und Vorführungen. Diese werden meist dem Marketing-Instrument Verkaufsförderung zugeordnet. Wenn sie aber nach dem Verkauf erfolgen, stellen diese Kundendienst-Maßnahmen dar.

Sie können Ihre Kundschaft rundum mit Service versorgen: vor dem Kauf, während des Kaufs und danach. Nicht alles muss kostenlos sein. Ob Sie berechnen, was Sie leisten, hängt von der Bedeutung des Kunden und den Marktgepflogenheiten ab. Zudem müssen Sie nicht immer selber ran. Sie können den Service-Auftrag an Dritte vergeben und den Ablauf überwachen. Allein dies wird so mancher Kunde bereits als Dienstleistung verstehen.

In der »Dienstleistung-Wüste Deutschland« erhält Servicebereitschaft einen hohen Sympathiewert. Sie erfordert eine gewisse Grundhaltung, aber auch zündende Ideen und marktgerechte Konzepte. Fixieren Sie sich nicht auf die Service-Konzepte Ihrer Mitbewerber, sondern werfen Sie auch mal einen Blick auf andere Branchen. Da bekommen Sie oft hilfreiche Impulse.

**Fazit:** Kundendienst hat viele Gesichter. Er sollte das bieten, wonach der Markt wirklich verlangt und was die Mitbewerber leider vermissen lassen. Sie können sich manchmal dafür bezahlen lassen oder den Service an Dritte vergeben. Doch Kundendienst muss sein.

## Kundenpflege

Im amerikanischen Marketing ist der »After-Sales-Service« seit den frühen Achtzigern der Hit. Wie eine Offenbarung verbreitete sich, dass Kundenpflege nach dem Kauf oft schneller zum Umsatz führe als jedes andere Marketing-Instrument, und die Werbung zudem unterstütze.

Mit einem zufriedenen Kunden erneut ins Geschäft zu kommen, kostet meist weniger Zeit und Geld, als neue Käufer zu gewinnen. Außerdem strahlt die Kundenzufriedenheit aus. Wenn die Kundschaft meckert und mault, nützen auch die ausgefeiltesten Werbemaßnahmen und die geschickteste Preispolitik nicht allzu viel. Das gilt besonders für überschaubare Märkte.

Nach ihren großen Werbe- und Preisschlachten haben die amerikanischen Markenartikelfirmen sich bald zu dieser Erkenntnis durchgerungen: Kundenpflege bringt Umsatz. Das wussten bereits die alten Handelskontore Buddenbrookscher Prägung: Nach der Lieferung mit dem Kunden in Verbindung bleiben, ihn einladen, ihn aufsuchen, zu Treffen bestellen und anschreiben. Dabei fragen, wie es denn mit der gelieferten Ware gehe, auf neuen Wareneingang hinweisen, Verbesserungsvorschläge und Beanstandungen einsammeln und umsetzen.

Mit Hilfe der modernen Datenverarbeitung kann die Kundenpflege ausgebaut werden. Strukturen zeigen sich auf, und Tendenzen werden erkennbar. Eine EDV hilft, gezielt auf neue Wünsche und Bedürfnisse einzugehen. Und zumindest gehen die Reklamationen und Auftragsstornierungen zurück.

In der Kundenpflege steckt ein weiteres Potential. Dank ständig eingesammelter Rückmeldungen ermöglicht sie ein verbessertes Angebot. Wer weiß, was die Kundschaft möchte, aber es bis dato noch nicht bekommen hat, wird sein Produkt weiterentwickeln – vielleicht sogar etwas Neues anbieten oder das Programm erweitern.

Gerade für die Wendigen im Markt – Einsteiger, Kleinunternehmer und Einzelselbstständige gehören zweifellos dazu – bietet die Kundenpflege deshalb unübersehbare Vorteile: Da ihre Kunden sich in überschaubarer Zahl halten, können sie besser an ihnen dran bleiben. Sie können persönlich nach Wünschen und Verbesserungsvorschlägen oder neuen Anregungen fragen. Und sie können diese schneller umsetzen als große Anbieter.

**Checkliste**

Überlegen Sie, welche Maßnahmen sich für Sie und Ihre Kunden eignen:

- strukturierte Telefon-Befragung, ☐
- offene persönliche Befragung, ☐
- Begutachtung des gelieferten Produktes im Einsatz vor Ort, ☐
- Befragung der Anwender vor Ort, ☐
- Einladung der Kunden zum fachlichen Austausch, ☐
- Fragebögen, ☐
- Kundenrundbrief, Newsletter, Hauszeitschrift, ☐
- Mailings per E-Mail, ☐
- Round-Table-Gespräche, Arbeitskreise, etc. ☐

Ihrer Kreativität sind kaum Grenzen gesetzt. Und Sie dürfen auch ruhig kopieren, was Ihnen gefällt. Nur bei Ihren unmittelbaren Mitbewerbern sollten Sie lieber keinen Ideen-Transfer vornehmen.

**Fazit:** Kundenpflege ist gerade für die kleinen Anbieter eine große Chance. Der Aufwand dafür hält sich bei ihnen meist im Rahmen. Manchmal genügen bereits eine telefonische Nachfrage und ein persönlicher Besuch.

# Rund ums Geld

## Finanzierung

Viele fangen ganz klein an. Sie nehmen ihre Ersparnisse und pumpen Freunde an. Genauso ging die Gründerin einer sogenannten Preis-Agentur vor. Ihr Geschäft mit dem Heraussuchen des günstigsten Angebotes im Auftrag von Kunden lief dann so gut, dass sie irgendwann bedauerte, es nicht größer aufgezogen zu haben. Um zu expandieren, vergab sie Lizenzen. Nun wollen einige ihrer Lizenznehmer keine Gebühr mehr an sie zahlen; sie treten offen mit ihr in Konkurrenz. Diesen Ärger hätte sich die Preisvergleicherin ersparen können, wäre sie besser finanziert gewesen.

Selbst wenn Sie mit nur einem Teil Ihrer Ersparnisse zurechtkommen wollen, schadet es nie, grundlegend über die Finanzierung nachzudenken. Vergessen Sie nicht, wie viele Existenzgründer an Finanzierungsfehlern scheitern. Mittendrin geht ihnen die Luft aus. weil sie ihren Geldbedarf unterschätzt haben und die Bank nicht nachschießt. Alle Gedanken kreisen um das Anlagevermögen – die Maschinen, die Betriebseinrichtung, die Geräte, die Geschäftausstattung. Dabei gerät das Ermitteln des betriebsnotwendigen Umlaufvermögens ins Hintertreffen.

Als Umlaufvermögen werden jene Materialien bezeichnet, die in die Produktion einfließen und mit deren Hilfe Sie produzieren. Das sind die Mittel, mit denen Sie den Markt erschließen, erforschen und entwickeln sowie den Kunden gegebenenfalls Zahlungsziele einräumen. Bis der Auftraggeber die Rechnung bezahlt, vergeht oft viel Zeit. Die müssen Sie überbrücken können.

Fragen Sie Existenzgründer, die das Geschäft schon kennen, nach den Gepflogenheiten in der Branche. Und räumen Sie sich für den Geschäftsanlauf lieber etwas mehr Zeit und Geld ein als zu wenig. Danach stellen Sie einen Bedarfsplan auf.

**Checkliste Bedarfsplan**

- Anlagevermögen ☐
- Maschinen, Anlagen ☐
- Leasing ☐
- Kraftfahrzeuge ☐
- Geschäftsausstattung ☐
- etc.
- Umlaufvermögen ☐
- Material ☐
- Zahlungsbereitschaft ☐
- Forderungen bzw. ☐
- Zahlungsziele ☐
- etc.

Steht der Bedarf fest, können Sie sich überlegen, wo Sie sich das Geld holen. Eigenkapital oder Fremdkapital – das ist die Frage.

**Checkliste Finanzierung**

- Eigenfinanzierung ☐
- Ersparnisse und Vermögenswerte ☐
- Sachmittel, die in den Betrieb eingebracht werden ☐
- Mittel von Teilhabern ☐
- Mittel von Kapitalbeteiligungsgesellschaften ☐
- Zuschüsse, Investitionszulagen ☐
- Eigenleistungen (Umbau, Renovierung, etc.) ☐

- Fremdfinanzierung ☐
- Bankkredit, langfristig ☐
- Fördergelder und öffentliche Finanzierungshilfen ☐

| | |
|---|---|
| Darlehen von Verwandten und Freunden | ☐ |
| Lieferantenkredite | ☐ |
| Kontokorrentkredit, kurzfristig (ein Monatsumsatz) | ☐ |

Trotz dieser Bandbreite wird es für manchen eng. Das liegt oft daran, dass mit dem Angebot nicht richtig verfahren wird, der Kontokorrentkredit beispielsweise ständig überzogen wird oder für Anlagevermögen herhalten muss. Dabei hat die Fachwelt sogenannte Goldene Regeln aufgestellt.

**Checkliste Finanzierungsregeln**

- Je mehr Eigenkapital, desto besser – aber
- nicht alle Sicherheiten auf einmal,
- Eigenkapitalanteil wie branchenüblich; nicht unter 20 Prozent,
- Kapitalüberlassung gleich Kapitalbindung, Fristen abstimmen,
- Anlagevermögen mit Eigenkapital – oder
- Anlagevermögen mit Eigenkapital und langfristigem Fremdkapital,
- langfristig gebundenes Umlaufvermögen langfristig finanzieren,
- kurzfristig gebundenes Umlaufvermögen kurzfristig finanzieren.

Ohne Bank geht es selten. Zwar kommen gerade die Dienstleister oft mit wenig Startkapital aus – so wie jener junge Münchner Patentrechercheur, der im Leserraum des Patentamtes oder zu Hause am Computer wirkt und nicht mehr als zwanzigtausend DM brauchte, um einzusteigen. Viele Existenzgründer benötigen für ihren Start heutzutage Beträge, die sich aus den persönlichen Rücklagen bestreiten lassen. Doch nicht jeder mag seine Ersparnisse plündern. Er geht zur Bank, vielleicht auch weil er dort fachkundigen Rat erhofft. Im Umgang mit der Bank gibt es einiges zu berücksichtigen.

**Umgang mit der Bank**

- überzeugende Selbstdarstellung vorbereiten,
- Präsentation des Gründungskonzeptes einstudieren,
- Bank sorgsam wählen (nach Konditionen und nach Intuition),
- Offenheit zeigen, Schwächen ansprechen,
- Verständnis für den Wunsch nach Sicherheiten zeigen,
- Vertrauen schaffen,
- frühzeitige Kontaktaufnahme (Monate vor Gründung),
- Kapitaldienst organisieren (Tilgung und Zins),
- laufende Kontaktpflege,
- Sicherheiten an die Kreditlinien anpassen.

Vergessen Sie bei aller Aufmerksamkeit für Ihren Einstieg ins freie Unternehmertum nicht Ihren Lebensunterhalt. Denken Sie auch daran, dass Sie immer flüssig bleiben müssen, um Rechnungen, Mieten, Gebühren etc. zu bezahlen. Rechnen Sie mit Anlaufverlusten und Rückschlägen. Für solche Fälle müssen Sie gewappnet sein.

**Fazit:** Nehmen Sie die Finanzierung nie auf die leichte Schulter. Stellen Sie einen genauen Bedarfsplan auf, und berücksichtigen Sie mögliche Anlaufverluste und Ihren persönlichen Lebensunterhalt. Dies gilt auch für Existenzgründer, die glauben, es mit eigenen Mitteln schaffen zu können.

## Fördermittel

Bei Bund und Ländern laufen zahlreiche Programme, die meist größeren Gründungsprojekten vorbehalten sind. Zudem stehen hier und da Fördergeldtöpfe im Rahmen der Regionalförderung bereit. Deutschland braucht seine Existenzgründer und fördert sie. Deshalb dürfen die Arbeitsämter ihrer Klientel beim Start in die Selbstständigkeit mit Überbrückungsgeldern nachhelfen. Sogar zur Existenzgründungs-Beratung gibt es Geld vom Bund: sechzig Prozent oder maximal drei- bis viertausend DM.

Dabei muss unterschieden werden zwischen Zuschüssen, Zulagen, Zuwendungen, Zinsvergünstigungen und steuerlichen Hilfen. Zuschüsse haben den Vorteil, nicht zurückbezahlt werden zu müssen. Das ist bei Zulagen ebenso; sie müssen allerdings vorfinanziert werden und sind rückwirkend zu beantragen. Zuwendungen sind meist bedingt rückzahlbar: das Geld wird erst dann zurücküberwiesen, wenn sich der Erfolg eingestellt hat.

Viele Förderprogramme sind einfach nur zinsgünstige Darlehen. Solche stellt beispielsweise der Bund im Rahmen des ERP-Existenzgründungsprogramms über die Deutsche Ausgleichsbank bereit. Die Laufzeiten gehen bis zu fünfzehn Jahre (neue Länder: 20 Jahre). Und die Darlehen dürfen drei Jahre lang (neue Länder: 5 Jahre) nicht getilgt werden.

Wer einen Überblick über das gesamte Angebot sucht, muss zu seiner Kammer gehen. Industrie- und Handelskammern sowie Handwerkskammern sind meistens auf dem Laufenden. Banken und Steuerberater kennen sich ebenfalls aus. Ohne die Hausbank läuft ohnehin nichts beim Anzapfen der Fördergeldtöpfe. Über sie geht der Antrag zur Bewilligungsstelle. Diese will meist wissen, wie die sonstige Finanzierung aussieht. Und da waltet die Bank nun mal drüber.

Gehen Sie nicht zu spät zur Bank. Sie dürfen Ihr Vorhaben noch nicht begonnen haben, wenn Sie den Antrag stellen. Das ist bei fast allen öffentlichen Förderprogrammen so. Ausnahmen bestätigen die Regel. Stellen Sie sich zudem darauf ein, dass Sie auf die Bewilligung mehrere Monate warten. Sie wissen nicht, ob Sie die Gelder tatsächlich bekommen. Wird Ihr Antrag abgelehnt, können Sie zwar Einspruch erheben. Einen Rechtsanspruch auf das Geld haben Sie aber nicht.

Die Bewilligungsstellen binden die gewährten Mittel an einen bestimmten Zweck – zum Beispiel Warenlager oder EDV. Irgendwelche Finanzierungslöcher damit zu stopfen, empfiehlt sich nicht, denn Missbrauch ist strafbar. Für Subventionsbetrug stehen Freiheitsstrafen bis zu fünf Jahren an; die Geldstrafen sind meist saftig.

**Fazit:** Kümmern Sie sich rechtzeitig um die Fördergeldfrage. Ihre Kammer, Ihre Bank oder Ihr Steuerberater verhelfen Ihnen zu einem Überblick. Den Antrag müssen Sie in fast allen Fällen stellen, bevor Sie loslegen. Und dann dauert es Monate, bis die Genehmigung kommt – oder nicht.

## Steuern

Sie haben einen Steuerberater und vertrauen ihm. Etwas Grundwissen in Steuerfragen brauchen Sie jedoch. Das gehört zum Unternehmer oder Selbstständigen einfach dazu.

Zumindest von den Steuern, die für Sie in Frage kommen, sollten Sie etwas wissen. Das sind Einkommenssteuer, Umsatzsteuer und Gewerbesteuer (falls Sie einen Gewerbebetrieb aufziehen wollen).

### Einkommenssteuer

Nicht Ihr Unternehmen ist einkommenssteuerpflichtig, sondern Sie. Sie zahlen für sämtliche Einkünfte; das Einkommenssteuergesetz kennt sieben Arten;

- Einkünfte aus Land- und Forstwirtschaft,
- Einkünfte aus Gewerbebetrieb,
- Einkünfte aus selbstständiger Arbeit,
- Einkünfte aus nichtselbstständiger Arbeit,

- Einkünfte aus Kapitalvermögen,
- Einkünfte aus Vermietung und Verpachtung,
- sonstige Einkünfte.

**Einkünfte aus selbstständiger Arbeit** können jene deklarieren, die freiberuflich arbeiten – laut Gesetz einer »selbstständig ausgeübten wissenschaftlichen, künstlerischen, schriftstellerischen, unterrichtenden oder erzieherischen Tätigkeit« nachgehen. Dazu gehören auch Ärzte, Rechtsanwälte, Ingenieure, Wirtschaftsprüfer, Steuerberater, Krankengymnasten und andere Heilberufe sowie Lotsen.

**Einkünfte aus Gewerbebetrieb** sind nicht nur die Gewinne oder Gewinnanteile, die ein Gewerbebetrieb abwirft. Es zählen dazu auch Vergütungen für die Tätigkeit im Dienst des Gewerbebetriebs sowie Darlehen und sonstige Leistungen. Stecken Sie in den Gewerbebetrieb mehr hinein als Sie herausholen, verbuchen Sie Verluste. Diese können Sie mit ihren anderen Einkünften verrechnen oder einen Verlustabzug in den beiden Vorjahren und im Folgejahr vornehmen lassen.

**Verlustabzüge** mindern die Steuerlast in besseren Zeiten. Seit 1994 können Sie frei wählen. Entweder nehmen Sie einen Verlustrücktrag vor. Wenn Ihre Verluste im ersten Jahr der Selbstständigkeit die Höhe Ihres Einkommens in den vorhergegangenen zwei Jahren als Angestellter erreichen, holen Sie die Steuer zurück, die Sie damals zahlten. Sie können aber auch die Verluste auf das Folgejahr abwälzen. Ein solcher Verlustvortrag empfiehlt sich, wenn mit satten Gewinnen gerechnet wird. Als dritte Möglichkeit bieten sich Rücktrag und Vortrag. So mancher Verlust gibt das durchaus her.

**Umsatzsteuer**

Pflicht besteht bei Lieferungen und sonstigen Leistungen, aber auch bei Eigenverbrauch und Einfuhr. Ausfuhren unterliegen keiner Umsatzsteuer. Bei Lebensmitteln und Druckerzeugnissen u. a. gilt der ermäßigte Steuersatz von sieben Prozent. Manche sind der Pflicht enthoben. Sie haben im Vorjahr die Grenze von 32 500 DM

Umsatz einschließlich Umsatzsteuer nicht überschritten und rechnen für das laufende Jahr nicht mit mehr als hunderttausend DM Umsatz. Als sogenannte Kleinunternehmen brauchen Sie keine Mehrwertsteuer auf ihren Rechnungen ausweisen; sie haben dann aber auch kein Recht zum Vorsteuerabzug.

**Mehrwertsteuer – Vorsteuer:** Wer Rechnungen schreibt, weist – falls nicht Privatperson oder Kleinunternehmen – im Normalfall die Mehrwertsteuer aus. Nur bei Kleinbetragsrechnungen bis einschließlich zweihundert DM genügt die Angabe des enthaltenen Steuersatzes. Doch wie auch immer: die Mehrwertsteuer gehört dem Fiskus. Sie darf jedoch um die Summe der Mehrwertsteuer gekürzt werden, die Ihnen andere draufschlagen. Für Sie ist das die Vorsteuer.

Formel: Mehrwertsteuer – Vorsteuer = Umsatzsteuerlast.

Kleinunternehmen bleiben von diesem Geben und Nehmen nicht zwangsläufig ausgeschlossen. Sie können freiwillig daran teilnehmen – also: Mehrwertsteuer berechnen und Vorsteuer abziehen. Treffen sie diese Wahl, sind sie allerdings fünf Jahre daran gebunden.

Überschreitet der Jahresumsatz nicht die 250 000 DM oder besteht keine Buchführungspflicht, ist die Umsatzsteuer damit erst zu verrechnen, wenn die Kunden die Rechnungen samt Mehrwertsteuer – hier: Vorsteuer – bezahlt haben. Buchführungspflichtigen geht es nicht so gut. Bei ihnen zählen nicht die vereinnahmten, sondern die vereinbarten Entgelte. Sobald sie die Rechnung ausgestellt haben, verlangt das Finanzamt seinen Anteil.

Überwiesen wird im Normalfall monatlich. Vierteljährlich zahlen alle mit nicht mehr als zwölftausend DM jährlicher Umsatzsteuerschuld. Bei viel kleineren Beträgen wird am Jahresende oder zusammen mit der Einkommenssteuer gezahlt. Das gilt auch für die meisten frischgebackenen Selbstständigen und Unternehmer. Sie dürfen sich nicht vor der Umsatzsteuererklärung drücken. Nur wenn sie beim Start mit nicht mehr als 32 500 DM Umsatz samt Umsatzsteuer rechnen konnten, sind sie vorerst von dieser Pflicht befreit.

Rufen Sie vor der Aufnahme Ihrer unternehmerischen oder

selbstständigen Tätigkeit Ihr Finanzamt an. Sie brauchen ohnehin eine Steuernummer. Dann können Sie auch eine Umsatzsteuer-Identifikationsnummer beantragen, die Sie brauchen, um in andere EU-Staaten zu liefern. Der Antrag geht dem Bundesamt für Finanzen zu, das diese Nummern vergibt.

**Gewerbesteuer**

Jedes Jahr dürfen Gemeinden den sogenannten Hebesatz neu festlegen. Ihr Spielraum ist groß. So unterscheiden sich die Lasten für die Gewerbebetriebe von Gemeinde zu Gemeinde nicht unerheblich. Davon die Standortfrage abhängig zu machen, lohnt sich für kleinere Betriebe kaum. Nach dem Freibetrag von 48 000 DM Gewinn wird sorgsam gestaffelt. Außerdem mindert die Gewerbesteuer als Betriebsausgabe den Gewinn und damit die Last der Einkommenssteuer (oder Körperschaftssteuer bei Kapitalgesellschaften).

Wenn Sie Verluste verbuchen müssen und bei Ihnen Buchführungspflicht besteht, können Sie einen Verlustvortrag vornehmen. Rückträge sind im Gegensatz zum Einkommenssteuergesetz bei der Gewerbesteuer nicht möglich.

Neben dem Hebesatz erschweren Steuermesszahl und Steuermessbetrag den Durchblick. Mit dem Gewerbeertrag in Reinform geben sich die Gemeinden erst gar nicht ab. Sie runden ihn auf volle hundert DM nach unten ab und multiplizieren dann mit der Steuermesszahl von fünf Prozent. Das ergibt den Steuermessbetrag. Multipliziert mit dem Hebesatz, errechnet sich daraus die Gewerbesteuerschuld.

Die Gewerbesteuer ist vierteljährlich zu zahlen, genau wie die Grundsteuer, die ebenfalls eine gewinnmindernde Betriebsausgabe ist. Die Gewerbesteuererklärung erfolgt jährlich.

**Fazit:** Das Finanzamt nimmt Ihnen nicht nur Geld ab; es gibt Ihnen auch welches. Bei der Einkommenssteuer sind Verlustrückträge und -vorträge möglich. Bei der Umsatzsteuer dürfen Sie die Vorsteuer abziehen. Indessen lässt sich die Gewerbesteuer als Betriebsausgabe verrechnen, und einen Verlustvortrag gibt es bei ihr auch.

## Versicherungen

Warten Sie nicht, bis ein Vertreter anklopft. Analysieren Sie lieber selbst Ihre Risiken. Manche könnten Ihre Existenz gefährden. Gegen diese Risiken sollten Sie sich versichern. Oder Sie überlegen, ob Sie angesichts der zu zahlenden Prämien für einen möglichen Schaden vielleicht lieber selber aufkommen möchten. So müssen Sie nicht unbedingt gegen Glasschäden versichert sein, wenn Sie im fünften Stock sitzen. Zudem können Sie Maßnahmen treffen, um Schäden zu vermeiden. Auch das verringert Ihr Risiko.

Es gibt eine Reihe von Sachversicherungen: Feuer-, Einbruchdiebstahl-, Leitungswasser-, Glas-, Sturm- und Hagel-, Maschinenversicherungen, etc. Sie können Ihre elektronische Hardware versichern, Ihre Transportgüter, Ihre Fahrzeuge und Ihren Messestand.

Zudem bietet die Assekuranz Vermögensversicherungen. Damit ist keine persönliche Vorsorge gemeint (siehe Kap. Persönliche Absicherung). Vielmehr steht hier ein Angebot zur Verfügung, das Risiken aus der unternehmerischen und selbstständigen Tätigkeit abdecken soll. Hier gibt es die Berufs-, Betriebs-, Produkt- und Umwelthaftpflichtversicherung. Bei der Betriebshaftpflichtversicherung sind meist die Mitarbeiter mitversichert. Der Versicherungsschutz erstreckt sich nicht nur auf das Betriebsstättenrisiko, sondern auch auf das Produktrisiko bis hin zum Vertrieb. Stellen sich danach Mängel am Produkt ein, muss die Produkthaftpflichtversicherung herhalten.

Zu den Vermögensversicherungen zählt zudem die Betriebsunterbrechungsversicherung. Ersetzt werden Ertragsausfälle, die durch einen Sachschaden zustande kommen. Meist werden auch die fortlaufenden Kosten wie Mieten etc. von der Versicherung getragen. Das Thema Rechtsschutzversicherungen ist ein Kapitel für sich. Da gibt es beispielsweise eine Berufs-Rechtsschutz-Police für

Selbstständige. Eingebaut sind der Arbeitsrechtsschutz für Streitigkeiten mit Mitarbeitern, der Schadenersatz-Rechtsschutz bei Ansprüchen gegen Dritte und der Strafrechtsschutz, den auch brave Bürger fallweise benötigen, wenn Sie beispielsweise wegen eines Umweltdeliktes belangt werden sollen.

Warenkredit- und Investitionsgüterkredit-Versicherungen schützen vor Forderungsausfällen. Zudem überwacht die Versicherungsgesellschaft die Kreditwürdigkeit des Abnehmers und schlägt gegebenenfalls Alarm. Für das Ausland ist eine Exportkreditversicherung nötig.

Entgeltfortzahlungsversicherungen entlasten von den Zahlungen an Arbeitsunfähige und Leistungen aufgrund des Mutterschutzgesetzes. Das Angebot richtet sich nur an Kleinbetriebe.

Sondieren Sie gründlich. Nicht allein die Prämienhöhe sollte Ihre Wahl entscheiden. Fragen Sie auch, wie gut Sie beraten werden und wie schnell ein Schaden abgewickelt wird. Sie sollen sich nicht nur versichert, sondern auch gut betreut fühlen.

Sparen Sie nicht am falschen Ende, indem Sie eine zu geringe Versicherungssumme festlegen. Sonst gibt es Abzüge im Schadensfall. Ihr Versicherungsschutz beginnt mit der Unterschrift des Antrags und verlängert sich meist um ein weiteres Jahr, sofern Sie nicht drei Monate vor Vertragsablauf schriftlich kündigen.

**Fazit:** Ein Schaden darf Sie nicht zur Geschäftsaufgabe zwingen. Versichern Sie sich gegen alles, was Ihre Existenz bedrohen könnte. Bei den kleineren Risiken sollten Sie genau durchrechnen, ob es nicht günstiger wäre, für einen möglichen Schaden selbst aufzukommen.

## Buchführung

Die Buchführung ist die Grundlage Ihres Rechnungswesens. Mit ihr lassen sich alle Geschäftsvorfälle, alle Geldströme, die empfangenen und die erstellten Leistungen erfassen. Mir der Buchführung können Sie Ihre Wirtschaftlichkeit überwachen, Plandaten zusammentragen und Rechenschaft ablegen. Das ordentliche Festhalten aller Posten ermöglicht Ihnen

- Finanzbuchhaltung,
- Kostenrechnen,
- Statistik,
- Planung.

Kleinunternehmen und Selbstständigen erlaubt der Gesetzgeber gnädigerweise »Bookkeeping-Light«. Sie stellen die Zahlungseingänge den Betriebsausgaben gegenüber und weisen den Überschuss als Gewinn aus. Dabei wird der Zeitpunkt des Zahlungsflusses erfasst. Ob die Geldeinnahme im Zusammenhang mit bestimmten Ausgaben steht, spielt bei der Einnahme-Überschussrechnung keine Rolle. Vielleicht zahlt Ihnen der Kunde erst im Januar für eine Leistung, die Ihnen schon im Dezember große Kosten verursachte. Dennoch verbuchen Sie die Einnahme im laufenden, die Ausgaben im vorigen Jahr. Nur bei regelmäßigen Zahlungen in bekannter Höhe – Mieten, Zinsen, Abschreibungen, etc. – läuft es anders. Sie werden in dem Zeitraum verbucht, für den sie fällig sind.

Ihre Einnahmen fassen Sie nach den unterschiedlichen Umsatzsteuersätzen zusammen – voll, ermäßigt, steuerfrei. Indessen gliedern Sie die Betriebsausgaben nach den Ihnen zugrundeliegenden Kostenartengruppen auf – Mieten, Büromaterial, Reisekosten etc. Grundsätzlich reicht das fürs Bookkeeping-Light der »Leichtgewichte«, Kleinunternehmer und Freiberufler. Hinzu kommt ein Überblick über das Betriebsvermögen mit Anschaffungsdatum, Anschaffungskosten, Nutzungsdauer und jährlichen Abschreibungsbeträgen. Andere haben es da viel schwerer.

Unternehmen, die im Handelsregister eingetragen sind, verpflichtet das Handelsgesetzbuch zur doppelten Buchführung. Sie müssen neben den Erfolgskonten auch Bestandskonten führen und ihren Unternehmenserfolg – Gewinn oder Verlust – samt dem Geschäftsvermögen in einem Jahresabschluss darlegen. Dieser besteht im Wesentlichen aus der Bilanz und der Gewinn- und Verlustrechnung.

Selbst Unternehmen, die nicht im Handelsregister eingetragen sind, unterliegen laut Abgabeordnung dieser Pflicht bei

- mehr als 500 000 DM Jahresumsatz oder
- mehr als 48 000 DM Gewinn oder
- mehr als 125 000 DM Betriebsvermögen.

Sie verfügen über – meist branchenübliche – Kontenrahmen, führen ein Hauptbuch mit Anfangsbeständen und zwölf Monatsumsätzen, ein Grundbuch mit den täglich anfallenden Buchungen und etliche Nebenbücher, zum Beispiel für Warenein- und -ausgang.

Für die Großen sowie für die Kleinen gilt gleichermaßen: jede Buchung – ein Beleg. Rechnungen, Quittungen, Kassenbons, Bankauszüge, Flug- und Fahrscheine sind fortlaufend zu nummerieren und nach Kostenartengruppen zu ordnen. Auch Eigenbelege werden akzeptiert; sie müssen genaue Angaben über Anlass, Betrag, Empfänger, Datum und Unterschrift enthalten. Ein sauberer Umgang mit den Belegen gehört zu den Grundsätzen ordnungsgemäßer Buchführung. Weiterhin gilt:

- vollständig, zeitgerecht, chronologisch und geordnet buchen,
- lesbar mit eindeutigen Abkürzungen,
- geordnete Ablage,
- vollständiger Ausdruck der Datenträger jederzeit möglich,
- keine Veränderungen im Nachhinein.

**Aufbewahrungspflicht**

Mit dem Kalenderjahr, das dem maßgeblichen Geschäftsjahr folgt, beginnt die Frist:

- mindestens zehn Jahre für Eröffnungsbilanzen, Jahresabschlüsse, Inventare (Inventurberichte), Organisationsunterlagen;
- mindestens sechs Jahre für Geschäftskorrespondenz, Buchungsbelege, Bankauszüge, Reisekostenabrechnungen, Kassenstreifen und sonstige für die Besteuerung relevante Unterlagen.

Steuerberater übernehmen meist auch die Buchhaltung ihrer Kunden; und so mancher Bilanzbuchhalter in Rente verdient sich noch gern etwas dazu. Sie können die Bürde aber auch selbst auf sich nehmen. Es gibt Software, die Ihnen dabei hilft, oder Sie besuchen Kurse und lesen schlaue Bücher.

Mit der Buchhaltung produzieren Sie keine Zahlenfriedhöfe, sondern Informationshilfen und einen brauchbaren Kontrollmechanismus. Außerdem schaffen Sie damit etwas, das Sie Ihrer Bank oder dem Finanzamt vorlegen können.

**Fazit:** Für die Leichtgewichte der Wirtschaft gilt »Bookkeeping-Light«. Sie kommen mit einer Einnahmen-Überschussrechnung aus. Doch etwas von Buchhaltung verstehen sollten auch Sie. Wer dem Finanzamt negativ auffällt, wird bestraft – oder geschätzt, was Ersterem gleichkommt. Pauken Sie deshalb die Grundsätze ordnungsgemäßer Buchführung.

## Kostenrechnung

Kleinere Dienstleister schenken sich oft eine saubere Kalkulation. Sie übernehmen oder unterbieten die Preise der Konkurrenz und rechnen nicht durch, ob sie damit auf ihre Kosten kommen. Über den Daumen gepeilt dürfte es wohl reichen, sagen sie sich. Dabei haben sie vielleicht diesen und jenen wichtigen Posten übersehen.

Kostenrechnung muss sein. Sie überwachen damit Ihre Wirtschaftlichkeit, halten in Ihrem Laden eine finanzielle Ordnung und kalkulieren realistische Angebote.

Mit der Kostenartenrechnung geht es los. Damit erfassen und gliedern Sie alle im Zeitraum angefallenen Kosten. Welche Werte auch immer Sie verzehren, um Leistungen zu erstellen und abzusetzen sowie Ihre Betriebsbereitschaft aufrecht zu erhalten: es sind Kosten, auch wenn Sie dafür noch nicht einmal Geld ausgeben sollten. Dabei werden besondes kalkulatorische Kosten oft vergessen.

**Kalkulatorische Kosten:**
- kalkulatorischer Unternehmerlohn (in Einzelunternehmen und Personengesellschaften, wo kein als Betriebsausgabe abziehbares Gehalt bezogen wird),
- kalkulatorische Miete (beim Benutzen von Privaträumen für betriebliche Zwecke),
- kalkulatorische Abschreibungen (für den Werteverzehr am Anlagevermögen),
- kalkulatorische Zinsen (auf das gesamte betriebsnotwendige Kapital, einschließlich dem Eigenkapital).

Bei der Kostenrechnung gibt es Einzel- und Gemeinkosten. Einzelkosten können Sie der erstellten Leistung unmittelbar zurechnen. Gemeinkosten finden indessen meist durch Zuschlagssätze ihren Eingang in die Kalkulation. Miete, Strom und Wasser gehören dazu. Sie fallen in bestimmten Betriebsbereichen an, im Büro, dem kleinen Lager im Keller oder den Ladenräumen und lassen sich diesen Orten – grob gesehen: Kostenstellen – zuordnen.

In der Kostenstellenrechnung verteilen Sie alle Kostenarten – die Gemeinkosten verursachungsgerecht – auf die Orte des Geschehens. Dabei hilft ein Betriebsabrechnungsbogen. Er enthält Hilfskostenstellen sowie Hauptkostenstellen, beispielsweise Produktion und Vertrieb. Selbst bei meinem Kleinstgeschäft als freie Journalistin fallen verschiedene Kostenstellen an. Akquisition, Recherche, Produktion, Transfer und Networking sind verschiedene Betriebsbereiche, auch wenn sie am selben Arbeitsplatz mit denselben Mitteln betrieben sein sollten.

Bei der Kostenträgerrechnung legen Sie die Kosten auf jedes einzelne von Ihnen erbrachte Erzeugnis um. Sie haben dabei die Wahl zwischen Vollkosten- und Deckungsbeitragsrechnung. Bei der Vollkostenrechnung nehmen Sie auch die Kosten der Betriebsbereitschaft – die Fixkosten – mit, um sie proportional zuzurechnen, ohne nach der Verursachung zu fragen.

Diese Fixkosten bleiben bei der Deckungsbeitragsrechnung

zunächst außen vor. Bei dieser Kostenträgerrechnung fangen sie mit dem Verkaufserlös an. Sie ziehen von diesem alle unmittelbar dem Produkt zurechenbaren Kosten – die variablen Kosten – säuberlich ab; damit erhalten Sie den Deckungsbeitrag. Er trägt dazu bei, Ihre Fixkosten abzudecken. Bei dem einen Produkt/Service fällt er höher aus, bei dem anderen niedriger. Sehen Sie zu, dass Ihr Deckungsbeitrag nicht nur etwas für die Fixkostendeckung, sondern auch einen angemessenen Teil für den Gewinn vor Steuern hergibt.

**Fazit:** Die Kostenrechnung verschafft Durchblick im eigenen Laden. Sie bringt es an den Tag, wenn es irgendwo klemmt und unwirtschaftlich läuft. Ruinöse Angebote fallen bei ihr sofort auf. Dabei lässt sie mittels der Deckungsbeitragsrechnung viele Spielräume. Von der Kostenrechnung kommt oft der Anstoß zu Neuem.

## Controlling

Controlling fördert die ergebnisorientierte Unternehmensführung. Es liefert Hilfen für Entscheidungen und dient nicht allein nur dazu, die Abläufe zu überwachen. Als Einsteiger sollten Sie durchaus wissen, was Controlling zu bieten hat. Sie können damit zwar nicht so viel Aufwand betreiben wie ein Großunternehmen. Das eine oder andere Werkzeug dürfte aber auch Ihnen helfen.

Sie wollen beobachten, wie sich Ihr Umsatz entwickelt, Ihre Kosten, Ihr Gewinn und Ihre Liquidität. Nach dem ersten Jahr möchten Sie sicherlich wissen, ob Sie falsch geplant haben. Mit einem Plan-Ist-Vergleich besitzen Sie eine nützliche Selbstkontrolle, die Sie jedes Jahr betreiben können.

Beim Controlling können Sie aus vorhandenen Quellen schöpfen: Ihrer Buchhaltung, Ihren Bankkonten etc. Den betrieblichen Aufwand behalten Sie mit der Kostenstellen- und Kostenträger-

Rechnung im Griff, die Ertragsseite per Umsatzstatistik, Deckungsbeitragsrechnung und Gewinn- und Verlustrechnung zum Beispiel.

Sie können aber auch Berichte einführen, einen Kontenrahmen auf Ihr Unternehmen zuschneiden, Betriebsabrechnungsbögen ausfüllen und Statistiken anlegen. Ganz nach Bedarf.

Zudem gibt es eine Reihe von Kennziffern, mit denen Sie arbeiten können. Suchen Sie sich die heraus, die Ihnen nutzen dürften.

**Cash-flow** heißt Kassenzufluss. Es ist der Betrag, den Sie flüssig haben, nachdem alle Ausgaben von Ihren Umsatzerlösen abgezogen sind. Der Cash-flow steht für die Finanzkraft des Unternehmens. Er zeigt dessen Spielraum auf, und nicht allein die Banken bewerten danach die Kreditwürdigkeit. Was den Cash-flow vom Nettogewinn unterscheidet, sind die Abschreibungen. Als Buchwerte beeinflussen sie nicht die Kassenlage. Somit gilt die Formel: Nettogewinn – Abschreibungen = Cash-flow.

**Return-on-Investment** heißt die Rückkehr des eingesetzten Kapitals durch Umsätze. Diese Kennziffer bemisst die Rentabilität. Jede Branche hat ihre Durchschnittswerte. Ausgedrückt werden die Werte durch Prozentangaben. Sie werden gebildet durch die Formel:

$$\frac{\text{Gewinn} + \text{Fremdkapitalzins}}{\text{Umsatz}} \times 100 = \text{Umsatzrentabilität}$$

oder:

$$\frac{\text{Umsatz}}{\text{Gesamtkapital}} = \text{Kapitalumschlag}$$

**Break-even-point** heißt der Punkt, an dem weder Gewinn noch Verlust geschrieben wird. Wenn Sie Preise berechnen, fragen Sie nach der Höhe des Betrages. Zudem kommt bei der Gesamtbetrachtung des Unternehmens noch die Frage nach dem Zeitpunkt hinzu: wann wird die Gewinnschwelle erreicht? Mit jeder DM Umsatz oder jedem Stück Arbeit mehr nähern Sie sich dem Punkt. Deshalb stellt sich zudem die Frage, wieviel Einheiten zu verkaufen sind und wieviel Umsatz zu verbuchen ist.

Formel: $\frac{\text{Fixkosten}}{\text{Deckungsbeitrag je DM Umsatz}}$ = kritischer Umsatz

**Deckungsbeitrag** heißt der Anteil der Einnahmen, mit dem die Fixkosten gedeckt werden können (siehe Kap. Kostenrechnung). Formel: Nettoerlös (ohne Vorsteuer) – variable Kosten
= Deckungsbeitrag

**Mindestumsatz** heißt der Betrag, den Sie pro Stück festsetzen müssen, um Ihre Fixkosten zu decken. Sie errechnen ihn nach der Formel:

$\frac{\text{Summe der Fixkosten}}{\text{Deckungsbeitrag}}$ = Mindestumsatz in Stück

Dienstleister ohne Materialeinsatz rechnen anders. Sie zählen zu den jährlichen Betriebskosten die Abschreibungen, Zinsen und die Tilgung hinzu, schlagen die jährlichen Lebenshaltungskosten darauf und wissen dann, wieviel sie im Jahr mindestens umsetzen müssen. Darunter sollten sie nicht liegen.

**Fazit**: Mit Controlling lässt sich auch das kleinste Unternehmen steuern. Der Aufwand muss nicht groß sein. Oft können Sie aus den vorhandenen Quellen schöpfen. Ein paar Kennziffern sagen Ihnen schon im Ansatz, ob Sie richtig liegen. Sie geben Auskunft über Werte, nach denen auch die Bank oft fragt.

# Business Plan

## Nutzen

Als Gabriele Spies im November 1995 ein Fitness-Studio eröffnete, gab es bereits sechzig davon in der Stadt. Sie musste zusammen mit Partner Ralf Hadamik ein ganz besonderes Konzept vorlegen, um die Banken zu überzeugen. Gut zweieinhalb Jahre hatten die beiden an ihrem Business Plan (Geschäftsplan) gebastelt. Sie waren auf Messen gegangen, hatten den Verband nach Informationen gefragt, viele Studios unter die Lupe genommen, Konkurrenzkonzepte abgeklopft und Befragungen unter den Studiobesuchern abgehalten. Spies, damals noch Informatikerin bei Siemens, und Hadamik, Betriebswirt, sammelten Zahlen, Daten und Fakten, wobei sie sich besonders gründlich mit der Standortfrage beschäftigten: Kundenpotential, Verkehrslage, Parkplätze, Konkurrenz, Flächenkosten etc.

Sie kalkulierten und ließen alles von Rechtsanwalt und Steuerberater überprüfen. So kam ein Business Plan zustande, der zum Erfolg führte. »Life Balance« erhielt Fördermittel aus dem ERP-Programm. Nach zwei Jahren erzielten die Jungunternehmer etwa eine halbe Million Umsatz. Ein Business Plan dient nicht allein dazu, Geldgeber zu gewinnen, sondern er schafft zudem eine gewisse Klarheit. Es werden darin nicht nur Ziele schriftlich festgehalten; sie werden auch aufeinander abgestimmt. Immer wieder werden Annahmen und Voraussagen überarbeitet und neu abgeglichen, bis die Sache rund wird.

**Vorteile des Business Plans**

- Mit dem Business Plan treffen Sie eine Vorschau auf die ersten drei Jahre.
- Sie geben damit ein konkretes Bild Ihres Vorhabens ab.
- Der Plan fußt auf einer durchdachten Analyse.
- Daraus entsteht die Zielprojektion.
- Es ist ein Instrument, mit dem Sie systematisch planen.
- Sie gewinnen mehr Übersicht.
- Mit dem Business Plan können Sie sich präsentieren.
- Sie überzeugen damit mögliche Geldgeber.
- Ihre innere Sicherheit wächst.

Wenn der Business Plan den ersten Gewinn schon im zweiten Jahr vorsieht – wie beim Fitness-Studio »Life Balance« –, dann gehen die Gründer mit gestärktem Rückgrat an den Start. Auch die Geldgeber haben ein Datum, an das sie sich halten können. Denn im Business Plan stehen normalerweise Plausibilitäten und keine Phantastereien.

Mit Hilfe des Statistischen Bundesamtes ermittelten die Studiogründer die Einwohnerzahl und die Altersstruktur am Standort. Sie beschafften sich Studien über die Fitness-Gewohnheiten in deutschen Großstädten; und sie untersuchten die Wettbewerbslage. In den umliegenden Stadtteilen lagen fünf Studios, die kaum auf die neuen Trends einstiegen. Damit bot die Lage rund 30000 potentielle Kunden. Eine Zahl, die überzeugte.

**Fazit:** Ihr Geschäft besteht aus mehreren Bausteinen, die zueinander passen müssen. Mit dem Business Plan – Geschäftsplan – erfassen Sie das Gefüge. Sie verschaffen sich und Ihren Verhandlungspartnern einen Überblick. Neueinsteiger sehen mit einem Geschäftsplan in der Hand gleich professioneller aus.

## Aufwand

Ein Business Plan kostet Zeit. Nicht jeder kann daran zweieinhalb Jahre arbeiten wie die Gründer des erwähnten Fitness-Studios. Doch unter einem Jahr läuft gar nichts. Dafür gibt es viel zu viel zu tun. Die Unternehmensberatung McKinsey, die zusammen mit dem *Stern* und den Sparkassen den Wettbewerb »StartUp« veranstaltet, empfiehlt u. a., sich »viel Zeit« zu nehmen:

**Erfahrungsaustausch:** Seminare besuchen, die sich mit dem Geschäftsplan beschäftigen, Fragen stellen und sich mit anderen Gründern austauschen.

**Beratung:** »StartUp«-Experten bei den deutschen Sparkassen aufsuchen und mit ihnen die Geschäftsidee durchgehen. Möglichst ausgearbeitete Unterlagen mitbringen oder schon vor dem Gespräch zukommen lassen. Dies gilt auch für die Beratung bei einer Bank.

**Auswahl:** Verschiedene Varianten durchspielen und die beste wählen. Chancen und Risiken abschätzen – je konkreter und detaillierter der Plan, desto realistischer das Urteil.

**Klarheit:** Aussagen auf den Punkt bringen, Plan klar strukturieren (siehe Kasten Bausteine). Kein Schwärmen, aber auch kein Erwähnen von Schwächen, ohne die mögliche Abhilfe darzustellen.

**Stimmigkeit:** Plan immer wieder einem Testpublikum vorlegen, auf Schwachstsellen abklopfen lassen und Vorschläge für die Weiterarbeit einholen. Neue Erkenntnisse einbauen, Annahmen, Prognosen und Zielwerte erneut aufeinander abstimmen.

Wer einen Business Plan erstellt, muss eine Menge Daten zusammentragen, wie das Beispiel der Fitness-Studio-Gründer nur andeutet. Allein dies nimmt mehrere Monate in Anspruch. Dann wird eine ganze Reihe von Teilplänen erarbeitet.

- Umsatzplan,
- Mitteleinsatz,
- Ausgabenplan,
- Investitionsplan,
- Liquiditätsplan,
- Rentabilitätsvorschau,
- gegebenenfalls Personalplanung/Personalübersicht.

Im Vordergrund stehen jedoch die acht Bausteine (nach McKinsey und weitgehend üblich):

**Die acht Bausteine des Business Plans**

1. Zusammenfassung
2. Unternehmensform
3. Produkt/Dienstleistung
4. Branche/Markt
5. Marketing/Vertrieb
6. Unternehmensleitung
7. Drei-Jahres-Planung
8. Kapitalbedarf

Text und Optik müssen auf Linie gebracht werden. Falls mehrere Leute je einen Teil zum Geschäftsplan beisteuern, darf das Gesamte nicht zusammengewürfelt erscheinen. Bringen Sie alles in eine Form. Schließlich ist der Geschäftsplan Ihr Aushängeschild.

**Fazit:** Geschäftspläne entstehen nicht im stillen Kämmerlein. Sie erfordern äußerste Umtriebigkeit – und dies nicht nur beim Datensammeln. Alles in allem kostet das eine Menge Zeit und ist unter einem Jahr kaum zu schaffen.

## Aufbau

Inzwischen geht der bundesweite Gründungswettbewerb »StartUp« des Magazins *Stern* zusammen mit der Unternehmensberatung McKinsey & Company und den Sparkassen ins vierte Jahr. Mit ihrem Teilnehmer-Handbuch haben die Initiatoren Maßstäbe für den Aufbau eines Geschäftsplanes geschaffen. Manche IHK-Gründungsberater wie Dr. Konrad Zipperlen in München empfehlen das

Handbuch als Leitfaden auch solchen Existenzgründern, die nicht am Wettbewerb teilnehmen wollen oder können. Das fast sechzigseitige Werk enthält neben Diskette und einem Plan für die Struktur des Geschäftsplanes auch brauchbare Tipps und Checklisten. Mit Einverständnis der Herausgeber übernehmen wir nun aus dem »StartUp«-Teilnehmer-Handbuch den Aufbau des Business Plans sinngemäß und in gekürzter Form.

**Baustein 1: Zusammenfassung**

Sinnvollerweise schreiben Sie die Zusammenfassung erst dann, wenn Sie alle anderen Bausteine bereits bearbeitet haben. Doch gelesen wird die Zusammenfassung zuerst. Lassen Sie deshalb Sorgfalt walten. In diesem ersten Baustein Ihres Business Plans sollen Sie den Kern Ihrer Geschäftsidee verdeutlichen und die entscheidenden Erfolgsfaktoren und Risiken aufzeigen. Sie sollen Interesse wecken.

Beschreibung der Geschäftsidee: Erläutern Sie kurz Ihr Produkt oder Ihre Dienstleistung sowie die relevanten Märkte und den Investitionsbedarf.

Wesentliche Erfolgsfaktoren: Arbeiten Sie die Punkte heraus, die Ihre Geschäftsidee zum Erfolg führen werden – Kundennutzen, Verkaufsargumente, eigene Erfahrungen und Kenntnisse, die persönliche Kompetenz (dokumentiert durch den Werdegang).

Ziele: Stellen Sie Ihre Unternehmensvision – ihre langfristigen Ziele – dar. Seien Sie dabei optimistisch und realistisch zugleich.

Bleiben Sie sachlich und werben Sie für Ihr Vorhaben durch klare, schlüssige Aussagen. Ihre Zusammenfassung sollte nicht mehr als zwei DIN-A4-Seiten beanspruchen.

- Geschäft (Produkt/Dienstleistung),
- Märkte,
- Kenntnisse und Erfahrungen,
- Investitionsbedarf,
- Erfolgsfaktoren,
- Risiken,
- Ziele,
- Maßnahmen zur Zielerreichung.

**Baustein 2: Unternehmensform**
Schildern Sie, wie sich die Führungsmannschaft zusammensetzt, ob Sie Alleininhaber sind oder die Geschäftsidee mit Partnern verwirklichen wollen.

- Rechtsform,
- Gesellschafterstruktur,
- Verteilung der Gesellschaftsanteile,
- Haftung,
- nachträgliche Zufuhr von Eigenkapital.

**Baustein 3: Produkt/Dienstleistung**
Erläutern Sie Ihre Idee, den Nutzen für Ihre Kunden und grenzen Sie Ihr Angebot von dem Ihrer Wettbewerber ab. Zudem sollten Sie einen Überblick über den Entwicklungsstand Ihres Produktes/Ihrer Dienstleistung geben und die nötigen Voraussetzungen für die Umsetzung Ihres Vorhabens nennen.

Beschreibung des Produktes/der Dienstleistung: In mindestens einem Punkt sollten Sie alle, die auf dem Markt sind, schlagen. Stellen Sie Ihre Überlegenheit heraus.

- Merkmale,
- Konkurrenzprodukte,
- Ihr Service- und Wartungsangebot,
- Garantien.

Kundenvorteile/Kundennutzen: Dabei sollten Sie die Angebote Ihrer Mitbewerber ebenfalls auf den Kundennutzen hin abklopfen. Wenn Sie mehrere Produkte anbieten, beschränken Sie sich bei der Einzelbetrachtung auf die wesentlichen Umsatzträger.

- Bedürfnisse der Kunden im Marktsegment,
- Nutzen und Zusatznutzen aus Kundensicht,
- notwendige Ergänzungen Ihres Leistungsangebotes im Hinblick auf den Zusatznutzen,
- Vergleich mit dem Konkurrenzangebot,
- Stärken und Schwächen,
- Partnerschaften, um gewünschten Kundennutzen zu erzielen.

Stand der Entwicklung von Produkt/Dienstleistung: Erklären Sie so anschaulich wie möglich und fügen Sie Ansichtsmaterial bei (Beschreibungen, Skizzen, Patente, Gutachten). Jeden Vorsprung gegenüber den Mitbewerbern müssen Sie darlegen. Zudem sollte klargestellt werden, ob den Auflagen des Gesetzgebers genügt wird.

- Entwicklungsstand im Marktsegment,
- Ihr Vorhaben als Marktneuheit,
- Patente und Lizenzen,
- Zulassung durch Behörden,
- Vorschriften und Auflagen für Produkt/Dienstleistung,
- Weiterentwicklung – Zeitplan,
- Anwendungen/Zielgruppen einzelner Produkte/Dienstleistungen,
- Einschränkungen durch Patente/Lizenzen von Mitbewerbern,
- Zeit, Ressourcen, Kosten für weitere Entwicklung.

Voraussetzungen für den Geschäftsbetrieb/Fertigungsanforderungen: Erläutern Sie, mit wie viel Material und Personal Sie Ihr Vorhaben umsetzen können. Dabei ermitteln Sie die Stückkosten.

- Fertigungsprozess/Dienstleistungsvorgang in Schritten,
- Produktstückzahl/Dienstleistungsvolumen,
- maximale Angebotsgrenze,
- Aufwand, um Kapazität zu erweitern,
- Produktionsmittel,
- Mitarbeiter und Qualifikationen,
- Materialbedarf,
- Herstellungskosten pro Einheit,
- Raumbedarf, Hilfsmittel, Büro- und Geschäftsausstattung,
- Produktionskosten/Kosten zur Erbringung der Dienstleistung,
- benötigte Warenausstattung/Lagerbestände.

**Baustein 4: Branche/Markt**

Stellen Sie fest, wo Sie Ihr Unternehmen in Branche und Markt positionieren können. Zur Analyse brauchen Sie Angaben zur Marktgröße, zu Mitbewerbern, Marketingstrategien, Vertriebswegen. Stellen Sie Überlegungen an zu Markteintrittsbarrieren, Kundenkreis, Lieferanten sowie zu branchentypischen Kosten, Preisen und Renditen.

Branche: Beschreiben Sie die aktuelle Situation der Branche und künftige Entwicklungen durch technische Innovation, neue gesetzliche Grundlagen, verändertes Kundenverhalten etc. Erläutern Sie diese Einflüsse auf Ihr Unternehmen.

- Gesamtabsatz und -umsatz der Branche,
- Umsatzsteigerungen ohne Verdrängungswettbewerb möglich,
- Trends, die die Nachfrage verändern können,
- Einfluss von Innovationen,
- andere Einflüsse, z. B. durch ökonomische Entwicklungen,
- Entwicklung von Preisen, Kosten, Renditen in der Branche,
- Wachstumsfaktoren der Branche,
- Folgen neuer Gesetze,
- Einflüsse ökologischer Entwicklungen.

Wettbewerb: Ermitteln und beschreiben Sie die aktuelle Marktposition aller Mitbewerber anhand der gleichen Kriterien. Anschließend bewerten Sie Ihr eigenes Unternehmen. Nach der Gegenüberstellung von Stärken und Schwächen ermitteln Sie Ihren Wettbewerbsvorteil und Ihr Profil im Markt. Außenstehende sollen ein umfassendes Bild von Ihrer Marktposition erhalten.

- Wichtige Mitbewerber,
- Marktanteile der Mitbewerber,
- Profitabilität der Mitbewerber jetzt und künftig,
- von Mitbewerbern angesprochene Kundengruppen,
- Marketing-Strategien der Mitbewerber,
- Vertriebskanäle der Mitbewerber,
- Preisgestaltung allgemein,
- Ihre Preisspielräume,
- zu erwartende Neuentwicklungen im Marktsegment,
- Maßnahmen zum Verschaffen und Verteidigen von Wettbewerbsvorteilen,
- Schritte zur Überwindung von Markteintrittsbarrieren.

Kunden: Sie müssen Ihre künftigen Kunden in Gruppen zusammenfassen – nach Nutzen, Kaufverhalten, Regionen, Verwendung des Produktes etc. Die Kriterien sollten für Ihren Markt relevant sein. Alle einer bestimmten Gruppe zugeordneten Kunden sollten mit derselben Absatzstrategie erreichbar sein.

- Kriterien zur Segmentierung des Markts,
- daraus hervorgehende Kundensegmente,
- Ihre Zielkunden und die der Mitbewerber,
- Referenzkunden,
- Kriterien für die Kaufentscheidung,
- Verkaufsziele in den einzelnen Segmenten,
- gehaltener/erstrebter Marktanteil,
- Stellenwert von Beratung, Service, Betreuung für Kunden,
- mögliche Abhängigkeit von Großkunden.

**Baustein 5: Marketing/Vertrieb**

Legen Sie überzeugend dar, wie Sie Ihr Angebot verbreiteren, Ihren Markt erschließen wollen. Sie müssen Ihre Strategie für den Markteintritt, die Vertriebswege und geplante Maßnahmen zur Absatzförderung erläutern. Gewichten Sie die Vorteile Ihres Angebotes, um den primären Kundennutzen zu ermitteln. Vielleicht haben Sie bei der heutigen Informationsflut nur die Chance zu einer einzigen Botschaft. Ihr Absatzerfolg hängt davon ab, ob dies die entscheidende Botschaft ist.

Markteintrittsstrategie:

- Geplante Schritte für die Einführung,
- Zeitplan,
- wichtige Meilensteine.

Vertriebskonzept:

- Erstrebter Endverkaufspreis,
- Zahlungsmodus und -fristen, gegebenenfalls Rabatte,
- Handelsspanne pro Vertriebskanal und Produkt,
- Absatzziel,
- Ihr typischer Vertriebsprozess,
- Vertriebswege,
- Absatzanteil der einzelnen Vertriebskanäle,

- durch jeweilige Kanäle erreichbare Zielgruppen,
- Anforderungen an den Vertrieb,
- Ausgaben für den Vertrieb,
- Qualifikation der Vertriebsmitarbeiter.

Absatzförderung/Werbung:
- Zielgruppen-Ansprache – Einzigartigkeit des Angebotes,
- Werbemittel,
- Ausgaben für Werbung und Verkaufsförderung.

Gute Werbung überzeugt die Geldgeber. Geben Sie deshalb Kostproben zum Besten (Konzepte, Entwürfe, Slogans). Das bedeutet Vorarbeit – Prüfen von Kosten und Nutzen der verschiedenen Marketinginstrumente und das Einholen von Kostenvoranschlägen.

**Baustein 6: Unternehmensleitung**
Erläutern Sie Ihren Werdegang und den Ihrer Partner. Dabei sollten Sie verdeutlichen, was die erworbenen Qualifikationen dem künftigen Unternehmen bringen. Kapitalgeber möchten dies wissen.

Fachliche Qualifikation: Heben Sie alle Aspekte hervor, die für die Umsetzung Ihres Vorhabens zählen.

Branchenerfahrung: Schildern Sie, ob und wie lange Sie schon in der Branche gearbeitet haben.

Kaufmännisches Know-how: Stellen Sie Ihre Kenntnisse auf diesem Gebiet dar, oder zeigen Sie auf, wem Sie kaufmännische Aufgaben übertragen werden.

Tabellarische Lebensläufe ergänzen sämtliche Ausführungen. Dort können auch Zusatzqualifikationen Eingang finden.

Unternehmensorganisation: Stellen Sie dar, wie die Verantwortlichkeiten im Unternehmen geregelt sind. Ein Organigramm kann manches verdeutlichen.
- Fachliche Qualifikation und Werdegang der Schlüsselpersonen,
- kaufmännische Kenntnisse/Erfahrungen,
- Maßnahmen zur Behebung von Know-how-Defiziten,
- personeller Verstärkungsbedarf auf Geschäftsleitungsebene,

- Organisationsstruktur,
- Leiter der einzelnen Unternehmensbereiche,
- Vertretungsregelung,
- Abhängigkeit von wichtigen Mitarbeitern.

**Baustein 7: Drei-Jahres-Planung**

Überprüfen Sie, ob Ihr Plan finanzierbar und rentabel ist. Dazu müssen Sie die Erkenntnisse aus den vorherigen Bausteinen zusammenführen. Die Drei-Jahres-Planung besteht aus Investitionsplanung, Personalplanung, Rentabilitätsvorschau und Liquiditätsplanung. Anhand dieser Darstellungen werden abschließend die Chancen und Risiken gezeigt, die sich durch äußere Einflüsse ergeben können. Scheuen Sie sich nicht, einen Fachmann, z. B. den Steuerberater, hinzuzuziehen.

Investitionsplanung: Hier finden alle Güter Eingang, die Sie anschaffen, um sie langfristig für Ihr Geschäft zu nutzen – Gebäude, Maschinen, Fahrzeuge, Erstausstattung des Warenlagers (Anschaffungskosten ohne Mehrwertsteuer plus Nebenkosten minus Rabatte und Skonti). Diese Güter müssen entsprechend ihrer Nutzungsdauer abgeschrieben werden. Die Wertminderung geht als Kostenblock in die Rentabilitätsplanung ein.

- Start-Investitionen,
- künftige Investitionen.

Personalplanung: Stellen Sie dar, welche Mitarbeiter mit welcher Qualifikation Sie wann beschäftigen wollen. Berücksichtigen Sie die gesamten Personalkosten – im Falle eines Angestelltenverhältnisses die Lohnnebenkosten und Sozialleistungen.

- Personal für die einzelnen Bereiche in den nächsten drei bis vier Jahren,
- Qualifikation des Personals.

Rentabilitätsvorschau: Schätzen Sie ab, wie viel am Ende des Jahres übrig bleiben wird. Planen Sie Ihre Umsätze und Kosten. Dann ziehen Sie die Kosten eines Geschäftsjahrs von den dazu gehörigen Erträgen ab, auch wenn der Kunde die Rechnung erst im Folgejahr begleicht. Den Umsatzplan können Sie auf der Grundlage der Bausteine drei und vier aufstellen. Ihren Kostenplan ordnen Sie nach Personalkosten, Sachkosten, Zinskosten und Abschreibungen.

- Umsatzentwicklung in den nächsten drei Jahren,
- Kostenentwicklung in den nächsten drei Jahren,
- nicht vergessen: die kalkulatorischen Kosten (kalkulierte Miete, Unternehmerlohn).

Vergessen Sie nicht, dass Sie Ihren Lebensunterhalt aus dem Gewinn bestreiten müssen:

- Haushaltsgeld,
- Mieten/Wohnkosten,
- Versicherungen,
- Raten, Tilgungen, Zinsen,
- Unterhaltsverpflichtungen,
- Beiträge, Gebühren, Sonstiges.

Liquiditätsplanung: Damit behalten Sie den gewissen Überblick über Zahlungseingänge und -ausgänge. Erfassen Sie Höhe und Zeitpunkt aller Ein- und Auszahlungen. In jedem Zeitraum muss die Summe der Einzahlungen die der Auszahlungen übersteigen. Sonst müssen Sie Kapital zuführen. Die Summe aller zuzuführenden Beträge ergibt den Kapitalbedarf für den jeweiligen Zeitraum.

Schätzen Sie die Zahlungsmoral der künftigen Kunden realistisch ein. Manche Branchenberichte, die auch auf die Debitorenlaufzeit eingehen, helfen dabei. Beachten Sie zudem saisonale Faktoren.

Grundlage für die Liquiditätsplanung bilden Umsatz- und Kostenplanung. Im Gegensatz zur Rentabilitätsvorschau werden hier jedoch nur Zahlungsströme erfasst. Abschreibungen bleiben unberücksichtigt, weil keine tatsächliche Zahlung erfolgt. Tilgungsleistungen mindern indessen die Liquidität, auch wenn sie nicht in die Kosten einfließen.

- Kurzfristige Liquiditätsentwicklung (zwölf Monate),
- mittelfristige Liquiditätsentwicklung (grob nach Quartalen des zweiten und dritten Jahres).

Chancen und Risiken: Errechnen Sie beispielsweise einmal, um wie viel Mark sich Ihr Umsatz verringern würde, wenn eine ganze Kundengruppe abspringt. Um nicht überrascht zu werden, sollten Sie eine Reihe von möglichen Chancen und Risiken durchspielen. Das hilft im Falle des Falles, Entscheidungen zu treffen.

- Gewinnschwelle bei welcher Auslastung/Stückzahl,
- grundsätzliche Risiken, z. B. Konjunktur,
- Maßnahmen zur Risikobeschränkung,
- Handlungsalternativen beim Auftreten von Risiken,
- finanzieller Aufwand und Zeit für dessen Umsetzung,
- Zeitplan für wichtige Entscheidungen bestimmter Geschäftsbereiche,
- zusätzliche Chancen,
- Erfolgsaussichten durch zusätzlichen Kapitaleinsatz für diese Chancen,
- Drei-Jahres-Planung im günstigsten und im ungünstigsten Fall.

**Baustein 8: Kapitalbedarf**

Stellen Sie dar, wie Ihr Finanzbedarf gedeckt werden soll. Prüfen Sie zunächst, welche Eigenmittel Sie einsetzen können und wie hoch der verbleibende Fremdkapitalbedarf ist. Eigene Mittel sollten in der Regel mindestens 15 Prozent der Gesamtkosten abdecken.

- Eigenmittel stehen langfristig zur Verfügung, sind nicht zu verzinsen und zu tilgen und entlasten den Kapitaldienst.
- Eigenmittel sind Voraussetzung für Fördermittel aus dem ERP-Eigenkapitalhilfeprogramm der Deutschen Ausgleichsbank.

Als Eigenmittel gelten neben baren Vermögenswerten für das Vorhaben erforderliche Sachwerte wie Computer und Eigenleistungen wie Mithilfe beim Umbau.

Die Laufzeit der Finanzierung hängt von der Art der Finanzierungskosten ab. Sachinvestitionen sollten nicht zu kurzfristig, sondern ihrer Nutzungsdauer entsprechend finanziert werden.

- Kapitalbedarf Ihres Unternehmens laut Liquiditätsplanung,
- zur Verfügung stehende Finanzierungsquellen,
- Eigenkapitalquellen.

So weit das Teilnehmer-Handbuch zum »StartUp«-Gründungswettbewerb von *Stern*, McKinsey & Company und den Sparkassen. Es empfiehlt den Umfang des Geschäftsplanes mit seinen acht Bausteinen auf 19 Seiten zu beschränken und den Anhang überschaubar zu halten; Datenfriedhöfe sind nicht erwünscht. Das Teilnehmer-Handbuch kann gegen eine Schutzgebühr bei StartUp, 20444 Hamburg, angefordert werden.

Auf etlichen Seiten führt das Teilnehmer-Handbuch des »StartUp«-Gründungswettbewerbs die Namen der Ansprechpartner bei den Sparkassen. Doch Sie dürften auch Bankmitarbeiter finden, die Ihnen beim Ausgestalten des Geschäftsplans zur Seite stehen. Rat geben zudem die Industrie- und Handelskammern und Behörden, die Existenzgründer-Programme aufgelegt haben, mancherorts sogar die Arbeitsämter. Unternehmensberater, die ihren Schwerpunkt auf Gründungen verlegt haben, helfen Ihnen ebenfalls beim Business Plan.

Nicht jeder Existenzgründer muss damit so viel Aufwand treiben. Wie Andreas Schümchen vom Büro ASM (siehe Kap. Neugründung) oder Wolfgang Frank mit seinem Computer-Service dürfte so mancher nicht die Zeit für einen Geschäftsplan aufbringen, wie ihn das Teilnehmer-Handbuch des »StartUp«-Gründungswettbewerbs verlangt. Wenn beide ein halbes Jahr mit ihrem Business Plan verbracht hätten, wäre ihnen in der Zwischenzeit die Gelegenheit entgangen, mit einem satten Auftrag relativ problemlos einzusteigen. Manche Chancen kommen nie wieder.

Dennoch zweifelt Victoria Schacht, Projektleiterin für »StartUp«, sicherlich nicht grundlos daran, dass solche Spontan-Existenzgründungen dieselben Überlebenschancen haben wie die per Business Plan ausgeklügelten Projekte. Drücken Sie sich besser nicht vor Ihren Hausaufgaben. Gewinnen Sie Klarheit über Ihr

- Vorhaben,
- die Gründerperson/en,
- Ihre Investitionen,
- Ihren Finanzplan,
- Markt, Marketing und Vertriebswege,
- Zielgruppe,

- Umsatz, Kosten, Rentabilität,
- Liquidität.

**Fazit:** Geben Sie Ihrem Business Plan eine klare, nachvollziehbare Struktur. Dafür gibt es Leitfäden und Muster. Diese sollten Sie zumindest als Checkliste nehmen, um zu prüfen, ob Sie keine wichtigen Punkte ausgelassen haben.

# Was gründe ich?

## Rechtsformen

Amin El-Gazzar und Uwe Hinderer griffen gleich beim Start ihres Softwarehauses zu einer Rechtsform, derer sich bis dahin nur Großunternehmen bedienten. Mit ihrer Firma Vision Lab eröffneten die beiden in München eine Aktiengesellschaft. Das »Gesetz für die kleine Aktiengesellschaft und zur Deregulierung des Aktienrechts« von 1994 ebnete ihnen den Weg. Schon eine Person kann diesem Gesetz zufolge eine kleine AG gründen. Ihre Aktionäre kennt eine solche Firma alle beim Namen. Eine kleine AG ist nicht börsennotiert. Sie darf aber für den Börsengang üben. Den haben inzwischen viele aus dem Kreise der kleinen AGs gewagt. Jetzt decken sie sich am so genannten Neuen Markt mit Kapital ein.

Bei den Rechtsformen bewegte sich aber noch mehr. Zum Juli 1998 hat der Gesetzgeber das genau hundert Jahre alte Handelsgesetzbuch (HGB) neu gefasst. Nun hängt es nicht mehr von der Betriebsgröße ab, ob der Gewerbetreibende als Einzelkaufmann, OHG oder KG – also mit einer HGB-Rechtsform – auftreten kann. Auch Kleingewerbetreibende dürfen sich im Handelsregister eintragen und damit höhere Kaufmannsweihen empfangen (siehe Kap. Kaufmanns- und Firmenrecht). Alle dürfen einen werbewirksamen Namen führen. Keiner ist mehr gezwungen, die Leute mit nichtssagenden Inhabernamen zu langweilen, nur weil er sich zu keiner GmbH oder AG aufschwingen mag.

Sogar Phantasienamen sind dem Kleingewerbetreibenden jetzt erlaubt, sofern er im Handelsregister eingetragen ist und eine entsprechende Rechtsform hat. Franz Mustermann e.K. – oder: eingetragener Kaufmann – könnte sich genauso gut Vision Lab e.K. nennen, wenn nicht schon die oben genannte AG den Namen besäße. Vor der Handelsrechtsreform von 1998 hätte Mustermann nur die so genannte Personenfirma zugestanden, das heißt: ein Firmenname bestehend aus dem Inhabernamen. Noch nicht einmal die aussagefähigere Sachfirma mit der Angabe des Betätigungsfeldes – Textilhandel, zum Beispiel – hätte unser Mustermann seinen Geschäftsbriefen aufdrucken dürfen. Sie war den Kapitalgesellschaften vorbehalten.

Rechtsformen geben Auskunft darüber, wer in welchem Umfang haftet. Bei Kapitalgesellschaften wie der GmbH kommen die Inhaber nur mit dem Gesellschaftsvermögen für die Schulden auf. Bei Einzelunternehmen und Personengesellschaften stehen sie mit ihrem Gesamtvermögen dafür gerade. Nur die Kommanditisten der KG, ebenfalls eine Personengesellschaft, haften lediglich mit ihrem Anteil.

Keine Rechtsform bietet nur Vorteile. Einzelunternehmen mit ihrer unbeschränkten Haftung müssen selten Geschäftszahlen veröffentlichen, wie dies selbst die kleinste AG tun muss. Sie genießt allerdings den Vorzug, Mitarbeiter leichter beteiligen zu können. So manche Fünf-DM-Aktien haben schon unglaublich motiviert. Sie können zur Expansion des Unternehmens erheblich beitragen – so zum Beispiel bei der Software-Firma SAP.

**Rechtsformen auf einen Blick**

Einzelunternehmen:

- Kleingewerbe
- Freier Beruf
- Einzelkaufmann (HGB)

Personengesellschaften:

- BGB-Gesellschaft – Gesellschaft des bürgerlichen Rechts
- Offene Handelsgesellschaft – OHG
- Kommanditgesellschaft – KG
- Partnerschaftsgesellschaft
- Stille Gesellschaft

Kapitalgesellschaften:
- Gesellschaft mit beschränkter Haftung – GmbH
- Kommanditgesellschaft auf Aktien – KGaA
- Aktiengesellschaft
- kleine Aktiengesellschaft

Mischformen:
- GmbH & Co. KG
- Gesellschaft bürgerlichen Rechts mit beschränkter Haftung

Außerdem gibt es die Genossenschaftsgesellschaft mit der Abkürzung eG und eine europäische wirtschaftliche Interessensvereinigung EWIV nach einer EU-Verordnung von 1985, deren Mitglieder aus mindestens zwei EU-Mitgliedsstaaten kommen müssen. Das Angebot ist reichhaltig. Und manchmal ist es sogar erlaubt, kreativ damit umzugehen. So erfreut sich die Ein-Mann-GmbH großer Beliebtheit. Sie bietet dem Gründer gegenüber dem Einzelunternehmen einige Vorteile:
- das Geschäftsführergehalt gilt als Betriebsausgabe,
- dies schmälert zum Jahresende den Gewinn,
- Schulden sind Sache der juristischen Person GmbH,
- Sacheinlagen fließen ins Stammkapital ein.

**Fazit:** Dass ein werbewirksamer Name zum Geschäftserfolg einiges beiträgt, hat sich auch beim Gesetzgeber herumgesprochen. Deshalb erlaubt er in vielen Fällen einen freizügigeren Umgang damit. Zudem gibt er mit der Handelsrechtsreform auch den Kleingewerbetreibenden vollen Zugang zu honorigen Rechtsformen wie dem eingetragenen Kaufmann, der OHG oder der KG.

## Kaufmanns- und Firmenrecht

Der bisher geltende Kaufmannsbegriff unterschied Muss-, Soll- und Minderkaufleute. Diese Bezeichnungen sind abgeschafft. Nun müssen alle Gewerbetreibenden ab einer gewissen Betriebsgröße – unabhängig von ihrer Branche – im Handelsregister stehen. Bei den Kleingewerbetreibenden ist der Eintrag freiwillig. Damit gehören auch sie der Zunft der Kaufleute an und unterliegen dem Handelsgesetzbuch. Die anderen – die so genannten Nichtkaufleute – müssen sich nach dem Bürgerlichen Gesetzbuch richten.

Wenn das Geschäft dieser Nichtkaufleute allerdings einen Umfang erreicht, das »einen kaufmännischen Geschäftsbetrieb erforderlich macht«, gehören sie sofort ins Handelsregister. Nicht der Tag des Eintrags zählt, sondern der Zeitpunkt, an dem die maßgebliche Größenordnung vorliegt. Umsatz, Mitarbeiterzahl, Fläche, Teilnahme am Wechsel- und Scheckverkehr sowie die Komplexität der Geschäftsvorfälle werden dabei zugrunde gelegt.

Dann beginnt ein neues Leben. Das Handelsrecht will mehr Selbstverantwortlichkeit des Kaufmanns und einen einfacheren und schnelleren Handelsverkehr. Es mutet dem Kaufmann zu, Chancen und Risiken selbst abzuwägen, und nimmt ihn nicht fürsorglich in Schutz wie das BGB den Verbraucher oder Nichtkaufmann. Wer dem HGB unterliegt, hat eine größere Freiheit, aber auch mehr Pflichten.

**Pflichten von Kaufleuten gegenüber Nichtkaufleuten**

- Auch ohne Vereinbarung gemäß HGB Anspruch auf Vergütung – es kann noch weniger als von »BGB-Bürgern« erwartet werden, dass sie Leistungen unentgeltlich erbringen.
- Sorgfalt eines ordentlichen Kaufmanns – Anforderungen höher als an »BGB-Bürger«, der nur einzustehen hat, wenn er die erforderliche Sorgfalt außer Acht lässt.
- Bürgschaft, Schuldanerkenntnis oder Schuldversprechen formfrei gültig – auch am Telefon abgegeben, rechtsgeschäftlich bindend.

- Zinsen am Tag der Fälligkeit einer Forderung aus beiderseitigen Handelsgeschäften – nach BGB erst bei verschuldeter Verspätung der Kaufpreiszahlung.
- Keine Herabsetzung unverhältnismäßiger Vertragsstrafen – nach BGB möglich.
- Schweigen bedeutet Annahme eines Antrags – nach BGB kommt ein Vertrag nur bei ausdrücklicher Annahme zustande.
- Zurückbehaltungsrecht von nicht bezahlter Ware, auch wenn die Ansprüche auf Kaufpreiszahlung aus einem anderen Rechtsverhältnis stammen – Gläubiger darf die Ware unter Umständen öffentlich versteigern.
- Kontokorrentabreden ermöglichen Vertragspartnern, bei einer längeren Geschäftsbeziehung gegenseitige Forderungen zu verrechnen. Ansprüche können in dieser Zeit keine gestellt werden. Beim Abschluss gilt der Saldoanspruch.
- Strengere Rügepflicht: umgehend prüfen und beanstanden.
- Bei Annahmeverzug des Käufers weiter gehende Rechte als nach BGB, zum Beispiel Lagern auf Kosten des Käufers, öffentliche Versteigerung.
- Schadenersatz bei verschuldeter Verspätung im Fixhandelskauf – nach BGB nur Rücktritt möglich.

Wer sich für den Kaufmann und einen Eintrag im Handelsregister entscheidet, genießt auch andere Rechte bei der Firmenführung. Nach dem Handelsrecht gehört zum Namen eines Unternehmens auch dessen Rechtsformangabe, zum Beispiel Vision Lab AG (s. o.). Kleingewerbetreibende ohne Register-Eintrag müssen im geschäftlichen Verkehr mit dem Familiennamen und einem ausgeschriebenen Vornamen auftreten. Auch Gesellschaften des bürgerlichen Rechts, das heißt Personengesellschaften ohne Handelsregistereintrag, müssen ihre Gesellschafter mit Vor- und Zunamen ausweisen; HGB-Firmen dagegen nie.

Für reine Werbemaßnahmen gelten weniger strenge Vorschriften. Branchen- und Tätigkeitsangaben dürfen dem Vor- und Zunamen nur beigefügt werden. Der Deutsche Industrie- und Handelstag (DIHT) gibt in seinem Info-Heft »Neues Kaufmanns- und Firmenrecht« folgende Beispiele: »Max Müller, Möbelhandel, Ernst Schulze, Handelsvertreter, oder bei einer BGB-Gesellschaft: Max Müller, Regina Schulze, Blumenhandel.«

Das Recht, traditionelle Geschäftsnamen – auch: Etablissementbezeichnungen – zu führen, bleibt bestehen. »Löwen-Apotheke«, »Capitol Lichtspiele«, »Boutique 2000«, »Zum goldenen Hirsch« sind zulässig.

Gewerbetreibende dürfen inzwischen auch eher Firmennamen und Marke aufeinander abstimmen. Zwar kennzeichnet die Firma das Unternehmen und die Marke das Produkt und dienen damit jeweils einem anderen Zweck. Doch bietet der einheitliche Auftritt oft Vorteile im Marketing. Davon konnten bislang nur Unternehmen profitieren, deren Marken einen hohen Bekanntheitsgrad aufwiesen. Ansonsten hätte es sich um eine vor der Handelsrechtsreform unzulässige Phantasiefirma gehandelt. Nun erlaubt das HGB die so genannte Phantasiefirma.

Das heißt allerdings nicht, dass bei der Firmennamensgebung der Phantasie freier Lauf gelassen werden kann. Es gilt nach wie vor das Irreführungsverbot. Hinzu kommt laut HGB das Gebot der Unterscheidungskraft, der Unverwechselbarkeit. Wer Firmen- und Markennamen gleichschalten möchte, sollte zudem das Markengesetz beachten und eine Recherche bei den Patentämtern durchführen lassen. Marken – auch Dienstleistungsmarken – sind immer geschützt.

Nach dem Grundsatz der Firmenausschließlichkeit darf ein Unternehmen nur eine Firma führen. Beim Eintragungsverfahren prüft das Registergericht, ob der gewählte Name in der Stadt oder Gemeinde bereits vergeben ist; damit wird dem Grundsatz der Unterscheidbarkeit genügt. Dennoch kann ein Verstoß gegen das Wettbewerbsrecht oder das Markenrecht vorliegen. Wer überregional auftreten möchte, sollte sich durch Recherchen absichern.

Schlagworte und Abkürzungen haben sich im Wirtschaftsleben

voll durchgesetzt. Deshalb erlaubt das neue HGB die freie Wahl zwischen Personen-, Sach- und Phantasiefirma sowie Mischformen. Drei Grundregeln gilt es jedoch immer einzuhalten:
1. Kennzeichnungswirkung – »Namensfunktion«,
2. Gesellschaftsverhältnisse darstellen,
3. Haftungsverhältnisse offen legen.

Wer diese Regeln einhält, wird im Allgemeinen eingetragen und zählt damit zu den Kaufleuten.

**Kaufmanns Pflichten**
- Buchführungspflicht
- Inventarerrichtungspflicht/Pflicht zum Jahresabschluss
- Aufbewahrungspflicht von Handelsbüchern
- Offenlegungspflicht für Kapitalgesellschaften – in Ausnahmefällen auch für Einzelkaufleute

Wer die Kaufmanns Pflichten als zu große Last betrachtet, sollte bedenken, dass Banken vor der Kreditvergabe gern nach dem Handelsregistereintrag fragen. Und gerade ausländische Unternehmen machen Vertragsabschlüsse häufig von diesem Eintrag abhängig. Wenn Sie keinen vorweisen können, verhandeln Ihre Geschäftsfreunde einfach mit dem Nächsten. Und Sie gehen leer aus.

Trotz dieser Vorteile des neuen Kaufmanns- und Firmenrechts fühlen sich viele Existenzgründer nach wie vor als »BGB-Bürger« ganz wohl. Es ist kein Ansturm der Freiberufler auf die Handelsregister zu verzeichnen. Die so genannten Freien Berufe unterliegen dem BGB und zahlen keine Gewerbesteuer. Dabei möchten es die meisten auch belassen. Wenn sie auf mehr Werbewirkung bedacht sind, legen sie sich eine Dienstleistungsmarke zu.

Ganz so frei sind einige der Freien Berufe jedoch nicht. So kann sich »Architekt« nur nennen, wer in der Liste der Architektenkammer geführt wird. Landesgesetze bestimmen, wer sich in welcher Weise als »Ingenieur« bezeichnen darf. Bei den Steuerberatern legt das Steuerberatungsgesetz fest, wer zu welcher Bezeichnung berechtigt ist. Wirtschaftsprüfer müssen öffentlich bestellt sein, und Umweltgutachter unterliegen dem Umweltaudit-Gesetz (UAG).

**Fazit:** Dank dem neuen Handelsrecht darf jeder Gewerbetreibende seinen Firmennamen und seine Marke vereinheitlichen, was den Auftritt im Markt erheblich verbessern kann. Freiberufler bleiben aber meist lieber »BGB-Bürger«, zahlen damit keine Gewerbesteuer und legen sich allenfalls eine Dienstleistungsmarke zu.

# Die Wahl der Rechtsform

Bisher hat sie ihre Brötchen im Alleingang verdient. Nun aber will die Kunsthistorikerin den Status der Freiberuflerin aufgeben und mit einer Kollegin aus der Erwachsenenbildung eine Gesellschaft für Kulturreisen aufziehen. Die beiden fragen sich nur, welche Rechtsform sie wählen sollen. Ein Unternehmensberater riet ihnen zur Gesellschaft bürgerlichen Rechts mit beschränkter Haftung. Die Gründerinnen hoffen, damit zwei Fliegen mit einer Klappe zu schlagen. Einerseits wollen sie nicht mit ihrem Privatvermögen einstehen, andererseits ersparen sie sich den Aufwand, den die Rechtsform der GmbH mit sich bringt. Das geht beim Stammkapital von mindestens 50 000 DM los und erstreckt sich über höhere Gründungskosten, steuerliche Nachteile bis hin zum aufwendigen Jahresabschluss.

Die Damen denken, sie haben den richtigen Dreh gefunden. Und das geht vielen so. Die Gesellschaft bürgerlichen Rechts (GbR) erfreut sich als Rechtsform gerade in der Gründungsphase großer Beliebtheit, stellen die Industrie- und Handelskammern (IHK) fest. »Als Nachteil ist jedoch zu vermerken«, so Dieter Gößner von der Rechtsabteilung der IHK Nürnberg, »dass die Haftung mit dem Privatvermögen nur schwer ausgeschlossen werden kann.« Zwei Wege führen zur begrenzten Haftung der GbR:

1. ausdrückliche Vereinbarung mit dem Geschäftspartner,
2. eingeschränkte Vertretungsmacht des geschäftsführenden Geschäftsführers.

Bei Vertragsverhandlungen über ein großes Projekt lässt sich ein derartiger Haftungsausschluss noch einbauen. Im alltäglichen Geschäft jedoch erscheint er nur schwer durchsetzbar. Es würde bedeuten, dass jeder Geschäftspartner die begrenzte Haftung zur Kenntnis nimmt und dies durch seine Unterschrift beurkundet. Gründungsberater der IHK halten nicht viel von dieser Konstruktion. Sie sei nachteilig für das Marketing und nicht so wasserdicht, dass sie vor Gericht immer halte.

Laut Dieter Gößner hat der Bundesgerichtshof sogar Bedenken gegenüber der Angabe »GbR mit beschränkter Haftung« auf den Geschäftspapieren. Dabei besteht nur geringe Verwechslungsgefahr; die »beschränkte Haftung« darf bei der GbR im Gegensatz zur GmbH nie abgekürzt werden. Gößner rät, die Rechtsform »gut sichtbar und keinesfalls auf dem unteren Teil des Blattes zwischen den Kontonummern« auszuweisen. Bei mündlichen Verträgen, die ohne Geschäftspapier zustande kommen, könne dennoch eine persönliche Haftung entstehen.

Manche Rechtsform bringt einen Imagegewinn. Diese Meinung vertreten beispielsweise die Anhänger der kleinen Aktiengesellschaft. Bei der Wahl der Rechtsform steht jedoch meist die Frage der Haftung im Vordergrund. Zudem spielen steuerrechtliche Überlegungen mit hinein. Es geht um Finanzierungsmöglichkeiten und Gründungskosten.

**Wichtig für die Wahl der Rechtsform**

- Finanzierungsmöglichkeiten,
- Gründungskosten,
- Haftungsbeschränkung,
- Vermögensabsicherung,
- Kreditwürdigkeit,
- Steuerbelastung,
- Gewinn- und Verlustbeteiligung,
- Geschäftsvolumen,
- Nachfolgeregelungen,
- gesetzliche Auflagen.

Niemand wechselt die Rechtsform wie seine Hemden. Die Wahl wird langfristig getroffen. Änderungen kosten Geld. Dabei ist es nicht mit dem Drucken neuer Geschäftspapiere getan. Wählen Sie deshalb sorgfältig.

**Fazit:** Dem einen ist die Haftungsfrage am wichtigsten. Der andere strebt mit der Wahl der Rechtsform ein bestimmtes Image an und eine bessere Kreditwürdigkeit. Wiederum anderen Existenzgründern sind die Auflagen des Gesetzgebers für bestimmte Rechtsformen ein Gräuel. Jeder hat andere Prioritäten, auch wenn die Kriterien dieselben sind.

## Einzelunternehmen

Jeder von uns kommt im Laufe seines Lebens mit Hunderten von Einzelunternehmen ins Geschäft. Bei ihnen kaufen wir unsere Blumen, lassen uns die Haare schneiden, Visitenkarten drucken oder das Fahrrad reparieren. Sie behandeln und beraten uns, verkaufen uns Reisen, Versicherungen und den neuen Pulli. Wir nehmen bei ihnen Massagen, Yoga-Stunden oder den Drink nach Feierabend. Einzelunternehmen umgeben uns in jeder Lebenslage. Sie sitzen in unserer Nachbarschaft als Ingenieurbüro, Stehcafé, Schreibbüro, Rechtsanwalt, Therapeut oder Boutique. Jeder, der sich auf eigene Füße stellt, dabei keine Partner aufnimmt und keine Kapitalgesellschaft gründet, ist ein Einzelunternehmen oder Einzelselbstständiger. Deshalb gibt es davon so viele.

Einzelunternehmer haften unmittelbar und unbeschränkt. Ihre Gläubiger haben Zugriff auf das Privatvermögen. Nichts verpflichtet die Einzelunternehmer zu einem bestimmten Stammkapital wie die Gründer der GmbH und AG. Dafür bekommen sie meist weniger Kredit bei der Bank. Ihre Überlebenschancen liegen deshalb beträchtlich niedriger. Kapitalgesellschaften schaffen einer Studie der Münchner Universität zufolge die ersten vier Jahre zu achtzig Prozent ohne Pleite. Bei den Kleingewerbetreibenden – nur diese Gattung der Einzelunternehmen wurde in der Studie erfasst – gibt die Hälfte in den ersten vier Jahren auf. Sie halten sich jedoch besser als die BGB-Gesellschaften (siehe unten), von denen nur 44 Prozent die ersten vier Jahre überleben.

Einzelunternehmer müssen sich kaum im Ärger über den Partner aufreiben. Da wird nicht darüber gestritten, ob der andere genug Einsatz bringt; es gibt keinen anderen. Das ist bei allen drei Gattungen so:

- Kleingewerbe,
- Einzelkaufmann,
- freier Beruf.

**Fazit:** Wer nicht viel Kapital braucht und ein geringes Haftungsrisiko trägt, fährt als Einzelunternehmer recht gut.

### Kleingewerbe

Nach dem neuen Handelsrecht gilt der Kleingewerbetreibende als Nichtkaufmann. Seine Geschäftstätigkeit erfordert nach Art und Umfang noch keinen in kaufmännischer Weise eingerichteten Betrieb – mit Buchführungspflicht, Jahresabschluss etc. Deshalb muss er sich nicht ins Handelsregister eintragen lassen. Aber er kann – und dann zählt er zu den Einzelkaufleuten (siehe unten). Wenn das Geschäft im Laufe der Zeit einen solchen Umfang annimmt, dass es einen kaufmännischen Geschäftsbetrieb erfordert, muss sich der bisherige Kleingewerbetreibende ins Handelsregister eintragen lassen – als Kaufmann. Doch bis dahin kann er es lockerer nehmen.

Da er kein Kaufmann ist, darf er keine Firma führen. Er tritt unter seinem Personennamen auf; mindestens ein Vorname muss ausgeschrieben sein. Ein werbewirksamer Phantasiename wie Vision Lab zum Beispiel bleibt ihm verwehrt. Dafür kann er aber in den meisten Fällen seinem Namen einen Tätigkeitshinweis anfügen:

Max Mustermann, Computerservice, u. Ä. Das darf aber nicht so aussehen, als sei er im Handelsregister eingetragen und damit Kaufmann.

> **Fazit:** Kleingewerbetreibende genießen mehr Freiheiten als andere Rechtsformen – auch die, durch einen Handelsregistereintrag einen Teil davon aufzugeben.

## Einzelkaufmann

Unter den Einzelkämpfern gibt es auch Schwergewichte. Nach Umsatz, Mitarbeiterzahl, Betriebsfläche und weiteren Kriterien zählen sie zu den Kaufleuten und müssen sich ins Handelsregister eintragen. Meist kommt es auf die Gesamtwürdigung ihrer Werte an, und diese unterscheidet sich oft von Kammerbezirk zu Kammerbezirk.

Einzelkaufleute können werbewirksame Firmennamen führen. Sie dürfen wählen zwischen Personen-, Sach- und Phantasiefirmen. Und mischen dürfen sie auch: ein Mustermann Vision Lab Computerservice e.K., Vision Lab Computerservice oder Mustermann Vision Lab. Auf das Kürzel e.K. besteht das neue Handelsrecht allerdings zumindest. Denn die »eingetragene Kauffrau« oder der »eingetragene Kaufmann« geben als Rechtsformzusatz Auskunft darüber, dass es sich hier um eine im Handelsregister eingetragene Einheit handelt.

Neben Firma und Rechtsformzusatz muss die oder der e.K. auf den Geschäftspapieren außer dem Firmensitz das Registergericht und die Handelsregister-Nummer in voller Länge angeben. So will es das Handelsrecht. Überhaupt darf die oder der e.K. bei weitem nicht so frei schalten und walten wie das Kleingewerbe (siehe Kap. Kaufmanns- und Firmenrecht). Doch der etwas straffere rechtliche Mantel birgt auch Vorteile.

**Fazit:** Einzelkaufleute unterliegen einer größeren gesetzlichen Strenge als das Kleingewerbe. Dafür reihen sie sich aber unter die Vollprofis ein.

## Freiberufler

Seine Combo lief gut. Er kam pro Woche auf mindestens drei Engagements. Nie hätte er gedacht, dass er Gewerbesteuer zahlen müsste; denn er hielt sich für einen Künstler – das heißt: für einen Freiberufler, der nun mal laut Gesetz keine Gewerbesteuer zahlen muss. Tatsächlich listet das Einkommensteuergesetz unter den freiberuflichen Tätigkeiten neben den wissenschaftlichen, schriftstellerischen und erzieherischen auch die künstlerischen Tätigkeiten auf (siehe Kap. Steuern). Doch es gibt zahlreiche Grenzfälle. Unterhaltungsmusiker gelten als Gewerbetreibende, selbst wenn sie ein Konservatorium besucht haben. Sogar bildende Künstler können als Gewerbetreibende angesehen werden. Falls ihre Werke nach Handwerk aussehen, vielleicht sogar in Serie produziert sind und gewerbliche Absatzwege finden, rückt ihnen schnell die Kommune mit der Gewerbesteuer ins Haus.

Bei den vielen Beratern unter den heutigen Existenzgründern gibt es ebenfalls Grenzfälle. Unternehmensberater gehen meist als Freiberufler durch. Es wird vorausgesetzt, dass sie ihre Arbeit leitend und eigenverantwortlich verrichten – falls es die Aufgabe verlangt, andere Fachleute einspannen und zum Ziel führen. Hochspezialisierte EDV-Berater jedoch üben nach dem Verständnis des Fiskus meist ein Gewerbe aus. Das gilt auch für andere Berater: je höher der Spezialisierungsgrad, desto geringer die Chance, um die Gewerbesteuer herumzukommen.

Werbe-, Finanz- und Kreditberater werden nicht als Freiberufler angesehen. Wirtschaftsprüfer, Steuerberater und »beratende Volks- und Betriebswirte« (EKStG) hingegen schon. Sie kommen in den Genuss der Freiheiten der Freiberufler:

- keine Buchführungspflicht – Journalbuchführung nach Kostenarten genügt,
- keine Bilanzierungspflicht,
- kein Handelsregistereintrag – auch bei hohen Umsätzen,
- keine Gewerbesteuer.

Freiberufler müssen im Geschäftsverkehr noch nicht mal ihren Vornamen nennen. Der Nachname mit dem Zusatz des Geschäftszwecks genügt. Vorgetäuscht werden darf dabei allerdings nichts. Das Irreführungsverbot gilt auch für Freiberufler. Darüber hinaus müssen die Angehörigen einiger Berufe standesrechtliche Auflagen beachten (siehe Kap. Kaufmanns- und Firmenrecht). Die freiberufliche Tätigkeit ähnelt allerdings der Haftungspflicht nach jedem anderen Einzelunternehmen: der Freiberufler haftet unbeschränkt mit seinem gesamten Vermögen.

**Fazit:** Den Status des Freiberuflers kann nicht jeder erlangen. Er ist nur bestimmten Berufen vorbehalten. Und selbst da gibt es Grenzfälle.

## Gesellschaften

In einem Existenzgründer-Seminar saß ein Teilnehmer mit einer vielversprechenden Geschäftsidee: Er wollte Tonkassetten von arbeitslosen Schauspielern mit Weltliteratur besprechen lassen und über ganz besondere Kanäle vertreiben. Als er sagte, dass er dieses Geschäft mit einem Partner aufziehen wolle, stutzte der Seminarleiter ein wenig. Deshalb erklärte der Teilnehmer, was aus seiner Sicht für die Aufnahme eines Partners spreche:

- der Partner hat ein Know-how, über das er selber nicht verfügt,
- vor wichtigen Entscheidungen können sich beide miteinander beraten,
- bei Verhandlungen können die beiden zu zweit auftreten.

Das schien einleuchtend. Dennoch riet der Seminarleiter zur Vorsicht. Ein wasserdichter Gesellschaftsvertrag müsse her. Das Beste sei, diesen mit einem Rechtsanwalt oder Notar abzusprechen. Darüber hinaus empfehle er, den jeweils zu erbringenden Arbeitseinsatz genau, schriftlich und verbindlich festzulegen. Denn diese Frage wird im Gesellschaftsvertrag nicht geregelt. Deshalb scheitern nicht wenige Partnerschaften daran. Der eine legt sich voll ins Zeug, während der andere eine ruhige Kugel schiebt.

**Regelungen im Gesellschaftsvertrag**

- Firma/Name, Rechtsform, Sitz,
- Gegenstand des Unternehmens,
- Beginn der Gesellschaft, Kündigung der Gesellschaft,
- Einlagen der Gesellschafter, Entgelt bei Ausscheiden,
- Verteilung der Stimmrechte,
- Geschäftsführung/Vertretung,
- Haftung,
- Gesellschafterversammlung,
- Jahresabschluss, Gewinn- und Verlustverteilung, Entnahmerechte
- Firmenfortführung bei Ausscheiden eines Gesellschafters,
- Auflösung der Gesellschaft, Verteilung der Vermögenswerte,
- Konkurrenzausschluss-Regelungen.

Da es die unterschiedlichsten Gesellschaften gibt, trägt jedes Vertragswerk andere Züge. Wir unterscheiden

- Personengesellschaften (Zusammenschlüsse von »natürlichen Personen« mit persönlicher Haftung) und
- Kapitalgesellschaften (»juristische Personen« mit eigener Rechtspersönlichkeit) – die Gesellschafter haften mit ihrem Anteil am Stammkapital.

**Gesellschaften**

Personengesellschaften:

- Partnerschaftsgesellschaft (PartG)
- Gesellschaft des bürgerlichen Rechts (GbR)
- Offene Handelsgesellschaft (OHG)
- Kommanditgesellschaft (KG)
- GmbH & Co. KG
- Stille Gesellschaft

Kapitalgesellschaften:

- Gesellschaft mit beschränkter Haftung (GmbH)
- Ein-Mann-GmbH
- Aktiengesellschaft (AG)
- kleine Aktiengesellschaft (kleine AG)
- Kommanditgesellschaft auf Aktien (KGaA).

Beschränken wir uns auf die Gesellschaftsformen, die im Wesentlichen für Existenzgründer in Frage kommen. Lassen wir deshalb einige der oben aufgelisteten aus. An eine AG-Gründung wagen sich nur die wenigsten Neueinsteiger heran.

## Partnerschaftsgesellschaft

Freiberufler greifen gern zu dieser Rechtsform. Sie unterliegt dem Partnerschaftsgesetz. Es lehnt sich in vielen Bereichen an gewisse Regelungen für die Offene Handelsgesellschaft an. Dennoch unterscheiden sich die beiden Rechtsformen grundsätzlich. Mit der Partnerschaftsgesellschaft (PartG) können Freiberufler als Firma auftreten, ohne eine Gesellschaft nach dem Handelsrecht zu eröffnen und damit Gewerbesteuer zu zahlen. Mit der PartG werden sie im Partnerschaftsregister und nicht im Handelsregister geführt.

Bislang war umstritten, ob auch der Vorname des namentlich erwähnten Partners auf den Geschäftspapieren stehen muss. Seit der Neuregelung ist die Frage vom Tisch. Mustermann und Partner oder Mustermann Partnerschaft reichen nun als Rechtsformangabe aus. Da die PartG auf die Namensfirma beschränkt bleibt, darf sie sich keines werbewirksamen Phantasienamens bedienen.

**Fazit:** Nur Freiberufler dürfen die Rechtsform der Partnerschaftsgesellschaft wählen – vorausgesetzt, sie haben einen Partner.

## Gesellschaft des bürgerlichen Rechts

Im Auftrag der Industrie- und Handelskammer für München und Oberbayern ging die Universität München der Frage nach, welche Unternehmen ihre ersten vier Jahre überstehen und welche nicht. Dabei kam recht Niederschmetterndes für die Rechtsform der Gesellschaft des bürgerlichen Rechts (GbR) heraus. Nur vierundvierzig Prozent der Firmen mit dieser Rechtsform überleben ihre ersten vier Jahre. Sie liegen damit noch schlechter als die Kleingewerbetreibenden (siehe Kap. Einzelunternehmen) mit ihren besonders pleiteanfälligen Gastronomen und Einzelhändlern. Bei ihnen wirft nur jeder Zweite im kritischen Zeitraum das Handtuch; bei den Kapitalgesellschaften nur jede Fünfte. Wenn das verflixte vierte Jahr einmal überstanden sei, so die IHK-Leute, drohe in den meisten Fällen keine Pleite mehr.

Unklar bleibt, warum gerade die GbRs so zahlreich aufgeben. IHK-Fachleute vermuten, dass es zwischen den Gründern »Probleme über die Art des Engagements« gebe. Meist sei der Kapitaleinsatz nicht so genau geregelt wie bei den OHGs, KGs und Kapitalgesellschaften; diese überstehen laut Studie die ersten vier Jahre weitaus besser. Streitpunkte seien häufig Zeiteinsatz und Bewertung des Know-hows des Einzelnen. Der eine bringt Produktwissen ein, der andere seine kaufmännische Erfahrung. Keiner könnte ohne den Partner, aber jeder will seinen Beitrag möglichst hoch bewertet wissen.

Deshalb heißt es, bei der Partnerwahl aufpassen und die Aufgaben klar verteilen, die Frage des Zeiteinsatzes regeln und schriftlich festhalten. Wenn nicht anderes vereinbart ist, sind alle Gesellschafter gemeinschaftlich zum Führen des Geschäftes berechtigt und verpflichtet. Und jeder Einzelne ist zur Vertretung der Gesellschaft befugt.

In der Regel entsteht die GbR mit Abschluss des Gesellschaftsvertrags. Dieser kann formlos geschlossen werden. Aus Beweisgründen ist die Schriftform zu empfehlen. Festgelegt werden zumindest der Gesellschaftszweck und die Beiträge der Gesellschafter. Vereinbaren Sie so viel wie möglich. Aber legen Sie sich und Ihren Partnern kein Korsett an, sondern nur einen schützenden Mantel.

**Die »klassische« GbR**

- Geringer Kapitaleinsatz,
- kein kaufmännischer Geschäftsbetrieb erforderlich,
- kein Handelsregistereintrag,
- gleiche Beiträge für alle Gesellschafter (Ausnahmeregelungen),
- je Gesellschafter eine Stimme,
- Zustimmung aller Gesellschafter erforderlich,
- gleicher Anteil an Gewinn und Verlust,
- Kündigungsrecht für jeden Gesellschafter – jederzeit,
- unentgeltliche Geschäftsführung,
- unbegrenzte Haftung (siehe Kap. Wahl der Rechtsform),
- keine eigene Rechtsperson (Vertragspartei sind die einzelnen Gesellschafter),
- GbR kann weder klagen noch verklagt werden,
- GbR kann weder Gäubigerin noch Schuldnerin sein.

GbR-Gesellschafter

- Beitragspflicht: Geld, Arbeit, Sach- und Dienstleistungen,
- Treuepflicht: Geheimhaltung, Schadensvermeidung, Wettbewerbsverbot bei Ausstieg (Ausnahmeregelungen),
- Pflicht zur Geschäftsführung.

Als GbR-Gesellschafter können Sie nicht hinter einer Sach- oder Phantasiefirma zurücktreten. Sie müssen auf allen Geschäftspapieren – genau wie die Partner – ihren vollständigen Namen samt Vornamen aufdrucken – etwa: Maria Mustermann und Benno Beispiel Computer-Services.

**Fazit:** Wer schreibt, der bleibt – das gilt besonders für die Gesellschaft des bürgerlichen Rechts (GbR). Die Rechte und Pflichten der Gesellschafter sind klar zu regeln und schriftlich festzuhalten.

## Offene Handelsgesellschaft

Zweck der Offenen Handelgesellschaft (OHG) ist der Betrieb eines vollkaufmännischen Handelsgewerbes unter gemeinschaftlicher Firma, bei der sämtliche Gesellschafter unbeschränkt haften (Handelsgesetzbuch). Das heißt:

- Handelsregistereintrag,
- Status des Kaufmanns,
- Gewerbesteuer,
- Wahl zwischen Personen-, Sach-, Phantasiefirma oder Mischform,
- Haftung mit dem Gesamtvermögen – auch dem Privatvermögen.

Gründungsfachleute halten die OHG für kleinere und mittlere Unternehmen mit überschaubarem Risiko für geeignet. Die Rechtsform bietet sich an, wenn Arbeitskraft, Kenntnisse, Vermögen und Kreditumfang eines einzelnen Existenzgründers nicht ausreichen, um ein Geschäft erfolgversprechend aufzuziehen. Dann schließt er sich mit einem Gesellschafter zusammen, mit dem ihn ein hohes Maß an gegenseitigem Vertrauen verbinden sollte.

**Die »klassische« OHG**

- Personengesellschaft (keine eigene Rechtspersönlichkeit),

- klagen und verklagt werden möglich,
- Erwerb von Rechten unter der Firma möglich,
- Eingehen von Verbindlichkeiten unter der Firma möglich,
- Grundstückserwerb möglich,
- Vollstrecken ins Gesellschaftsvermögen sowie selbstständiges Vergleichs- oder Konkursverfahren möglich.

OHG-Gesellschafter:
- Geschäftsführungsrecht und -pflicht für jeden Gesellschafter,
- Grundsatz der Einzelgeschäftsführung,
- Entscheidungen durch Gesellschafterbeschlüsse über z. B. Feststellung des Jahresergebnisses u. Ä. – sonst festgelegt durch Gesellschaftsvertrag,
- Gewinnverteilung durch Verzinsung der Kapitalanteile der Gesellschafter, dann nach Köpfen,
- Einzelvertretung durch jeden Gesellschafter – sonst nach Vereinbarung: Gesamtvertretung,
- Einschränkung der Vertretungsmacht – Dritten gegenüber unwirksam,
- Haftung mit dem Gesellschaftsvermögen – plus mit dem Privatvermögen,
- Auflösung der Gesellschaft bei Ausscheiden eines Gesellschafters – oder Fortsetzungsklausel im Gesellschaftsvertrag.

Mit dem Gesellschaftsvertrag lässt sich bei der OHG so manches nach den Zielen und Bedürfnissen der Gesellschafter gestalten. Ohne gegenseitiges Vertrauen geht aber gar nichts.

**Fazit:** Als eine dem Handelsrecht unterliegende Rechtsform genießt die OHG im Geschäftsverkehr ein gewisses Ansehen, das auch ihrer Kreditwürdigkeit zugute kommt – nicht zuletzt dank der persönlichen Haftung.

## Kommanditgesellschaft

Wie bei der OHG schließen sich auch bei der Kommanditgesellschaft (KG) Gesellschafter zu dem Zweck zusammen, ein Handelsgewerbe unter einer gemeinsamen Firma zu betreiben. Im Unterschied zur OHG haften jedoch nicht alle unbeschränkt. Nur die Komplementäre müssen im Haftungsfall die Gläubiger an ihr Gesamtvermögen heranlassen. Beim Kommanditisten bleibt das Risiko auf seinen Anteil am Gesellschaftsvermögen beschränkt. Der Zugriff auf sein Privatvermögen wäre gesondert zu regeln.

Kein Wunder, dass der vollhaftende Komplementär im Geschäftsverkehr stärker im Vordergrund steht. Ihm obliegt die Geschäftsführung. Kommanditisten dürfen sich laut Handelsgesetzbuch nicht in den Geschäftsalltag einmischen; der Gesetzgeber geht davon aus, dass sie sich als Kapitalgeber verstehen, und gewährt ihnen deshalb nur Widerspruchsrecht bei nicht alltäglichen Geschäften.

Vor der Handelsrechtsreform musste die Firma einer KG den Familiennamen von mindestens einem Komplementär enthalten. Das hat sich seit Sommer 1997 geändert. Auch die KG wählt jetzt zwischen Personen-, Sach-, Phantasiefirma oder einer Mischform. Dennoch müssen auf den Geschäftspapieren die Namen der Gesellschafter ausgewiesen werden. Nicht vergessen: auch die KG ist eine Personengesellschaft.

**Die »klassische« KG**

- Vollhaftung für den Komplementär,
- Haftungsbeschränkung für den Kommanditisten,
- keine eigene Rechtspersönlichkeit,
- klagen und verklagt werden unter der Firma möglich,
- Erwerb von Rechten unter der Firma möglich,
- Grundstückserwerb möglich,
- Vollstrecken ins Gesellschaftsvermögen möglich,
- Eingehen von Verbindlichkeiten unter der Firma möglich,

- selbstständiges Vergleichs- und Konkursverfahren über das KG-Vermögen.

Die einen gehen zur Bank; die anderen nehmen Gesellschafter auf. Wer seine Kapitalbasis verbreitern will, greift gern zur Rechtsform der KG. Nicht selten geht sie aus Einzelunternehmen oder OHGs hervor, die verstärkt expandieren. Dank der KG können sie ihr Eigenkapital ausdehnen, ohne den entscheidenden Einfluss aus den Händen zu geben.

Gesellschafter der KG:

- Geschäftsführung beim Komplementär per Handelsgesetzbuch,
- Geschäftsführung beim Kommanditisten per Gesellschaftsvertrag,
- Kontrollrechte des Kommanditisten – Jahresabschluss, Bücher u. Ä.,
- kein Wettbewerbsverbot für Kommanditisten,
- Gewinnverteilung durch Verzinsung der Kapitalanteile – sonst im Verhältnis der Anteile,
- beschränktes Entnahmerecht des Kommanditisten,
- Übertragbarkeit der Geschäftsanteile,
- Verhältnis der Gesellschafter untereinander weitgehend per Gesellschaftervertrag vereinbar.

**Fazit:** Allein bestimmen, und die Gesellschafter nur als Geldquelle nutzen – die Kommanditgesellschaft macht es möglich.

## Gesellschaft mit beschränkter Haftung

Hin- und hergerissen zwischen Haftungsrisiko und anderen Gesichtspunkten will sich die Kunsthistorikerin mit ihrer Partnerin aus der Erwachsenenbildung nun doch für die Rechtsform der

GmbH entscheiden. Sie hat inzwischen ein Existenzgründer-Seminar besucht und sich in die Materie eingelesen. Die Sache mit dem Stammkapital – Mindesthöhe: 50 000 DM – hat bei näherer Betrachtung ihren Schrecken verloren. So wird die neue Gesellschaft für Kulturreisen wahrscheinlich als GmbH starten.

Als Kapitalgesellschaft hat die GmbH eine eigene Rechtspersönlichkeit; sie gilt als juristische Person. Ihre Haftung bleibt auf das Gesellschaftskapital beschränkt.

Eigene Rechtspersönlichkeit heißt, dass die GmbH – nicht ihre Gesellschafter – Verträge schließt. Sie verfügt über Einkommen und Vermögen, und sie zahlt Steuern. Alles, was sie treibt, wird zunächst ihr zugeschrieben und nicht ihren Inhabern. Diese haben sie mit einem notariell beurkundeten Gesellschaftsvertrag auf den Weg gebracht. Mit dessen Abschluss gilt die GmbH als gegründet.

Der Gesellschaftsvertrag regelt neben der Höhe des Stammkapitals – ein Mindestbetrag von 50 000 DM – auch die Höhe der Stammeinlage. Da die erwähnte Kunsthistorikerin mit dem geplanten Unternehmen für Kulturreisen Näheres darüber erfuhr, traut sie sich nun an eine GmbH-Gründung heran.

- Das Stammkapital muss nicht voll eingezahlt werden, (ein Viertel davon genügt – oder 25 000 DM Minimum).
- Sacheinlagen werden voll angerechnet.
- Dazu muss ein Sachgründungsbericht samt Rechnungen, Gutachten (bei gebrauchten Gegenständen) oder Jahresergebnissen (bei eingebrachten Unternehmen) der Anmeldung zum Eintrag ins Handelsregister beigefügt werden.

Die angehende Gründerin hat sich schon ausgerechnet, dass sie bei der von ihr vorgesehenen Sacheinlage – darunter Geschäftsausstattung, Auto und Geschäftsräume – kaum Geld zuschießen muss. Zumindest die Hürde Stammeinlage erscheint ihr jetzt leicht überwindbar.

**Die »klassische« GmbH**

- Geschäftsführung durch Gesellschafter oder Nicht-Gesellschafter,
- Haftungsbeschränkung,
- geringer Kapitalbedarf,
- Übertragen von Anteilen unproblematisch,
- Publizitätspflicht – für kleine GmbHs eingeschränkt,
- Gesellschafterversammlung mit Kontroll- und Interventionsrecht gegenüber der Geschäftsführung,
- Anzahl der Gesellschafter beliebig – Ein-Mann-GmbHs möglich.

Gegenüber den Personengesellschaften haben die GmbHs jedoch ein paar Nachteile: der aufwendigere Jahresabschluss, eine meist ungünstigere Versteuerung und höhere Gründungskosten. Zudem muss man Gründer, die nur nach der Haftungsbeschränkung blicken, eindringlich warnen. Kreditgeber verlangen immer Sicherheiten. Deshalb sind Bürgschaften und Schuldmitübernahmen bei den GmbH-Gesellschaftern gang und gäbe. Der Rechtsformzusatz GmbH nützt da gar nichts.

**Fazit:** Bei genauerem Betrachten kann die beschränkte Haftung kaum Grund für eine GmbH-Gründung sein. Genauso ist das teilweise einzuzahlende Stammkapital kein Grund, von der GmbH zu lassen. Sie benötigt weniger Geld, als so mancher denkt.

# Unterschiedliche Wege zur Gründung

Viele Wege führen nach Rom, und warum das Rad zweimal erfinden? Sie müssen nicht etwas völlig Neues auf die Beine stellen, um auf eigene Füße zu kommen. Warum nicht Trittbrettfahren, wenn Sie das ans Ziel bringt. Sie können einen Betrieb übernehmen, statt sich mit einer Neugründung am Markt durchzukämpfen. Wenn Ihnen das eine Nummer zu groß ist, übernehmen Sie nur einen Teil des Betriebes. Vielleicht möchte ihr Arbeitgeber gerade einen Unternehmensbereich abstoßen, weil der nicht zum Kerngeschäft gehört. Outsourcing – der Trend zum Auslagern ist nicht nur die Chance für externe Dienstleister, sondern auch für Fach- und Führungskräfte mit dem Drang zur Selbstständigkeit. Oft hilft der bisherige Arbeitgeber seinen gründenden Ex-Angestellten kräftig nach.

Vielleicht kennen Sie einen Berufskollegen, der den Schritt in die Selbstständigkeit bereits gewagt hat und vor Aufträgen nicht mehr weiß, wo ihm der Kopf steht. Beteiligen Sie sich an seinem Geschäft, wenn sie gut miteinander klarkommen. Er bietet Ihnen den Markt, und Sie geben ihm dafür Ihre Arbeitskraft, Mitverantwortung und eine Geld- oder Sacheinlage. Möglicherweise können Sie genau das, was er nicht kann. Dann kommen Sie ihm wie gerufen, was ihre Position in der Partnerschaft stärkt. Vergessen Sie aber nie: Er hat den Laden hochgebracht, und Sie selbst legen sich – sind wir mal ehrlich – ins gemachte Nest.

Wer das Konzept stellt, diktiert den Alltag. Das gilt besonders für das Franchising. Es wirkt schon verlockend, sich an eine erfolgreiche Idee einfach anzuhängen und darüber hinaus das gesamte Know-how anzapfen zu können sowie Management-Beistand zu finden, Image und Bekanntheitsgrad einfach zu übernehmen. Manche Franchise-Verträge engen aber gewaltig ein. Wie sein eigener Herr kann sich der Franchise-Nehmer da nicht mehr fühlen. Wer das größtmögliche Maß an unternehmerischer Freiheit sucht, sollte die Hände vom Franchising lassen.

Sie haben die Wahl:

- Neugründung,
- Betriebsübernahme,
- Management-Buy-Out,
- Tätige Beteiligung,
- Franchise-Gründung.

Alles liegt im Kraftfeld zwischen Freiheit und Sicherheit. Die einen wollen sich schöpferisch austoben, wobei sie meist den zeitraubenden Planungsaufwand vergessen. Die anderen setzen lieber auf Bewährtes, nehmen aber weniger Gestaltungsspielraum in Kauf. Dafür sparen sie Monate, wenn nicht Jahre, die Neugründer mit dem Aufbau eines optimalen Kundenstammes verbringen.

**Fazit:** Es muss nicht alles auf eigenem Mist gewachsen sein, was Früchte trägt. Überlegen Sie sich das Für und Wider einer Neugründung.

## Neugründung

Existenzgründer Andreas Schümchen wollte alles richtig machen, als er den Schritt in die Selbstständigkeit vorbereitete. Er holte sich Unterlagen, Leitfäden und Rat. Allein um den Geschäftsplan zu erarbeiten, hätte er mindestens ein halbes Jahr gebraucht, so der Medienschaffende. Da musste er leider passen; denn er war zu stark eingespannt als Chefredakteur der Fachzeitschrift »Grimme«. Büroräume suchen, kostete genug Zeit. Und dann musste er sehen, dass das Geschäft lief, sobald er loslegte. Er verhandelte mit künftigen Auftraggebern, bereitete Projekte vor und kümmerte sich um deren Finanzierung. Als er das Schild ASM (für Andreas Schümchen Medienkonzepte) an der Tür seines schicken Büros in München-Schwabing aufhing, schien der Laden zu stehen. Es steckte genug Arbeit drin – auch ohne den allen Neugründern empfohlenen Planungsaufwand.

Er hatte sich das Erstellen eines so genannten Business Plans geschenkt. Sein Konzept stand ihm klar vor Augen, und einen Bankkredit brauchte er vorerst nicht. So blieb ihm erspart, was andere monatelang beschäftigt. Viele gründen heute so. Mit der aus den USA importierten Geschäftsidee der Preisrecherche begeisterte die damals 23-jährige Susanne Westphal 1993 hauptsächlich ihren Mann. Der schoss ihr Geld zu, als Westphals Agentur für Preisvergleiche, Preiswärter, aus der Dachkammer herauswuchs. Dort hatte die Bad Aiblingerin mit dem bescheidensten Apple-Computer auf einem Ikea-Studiertisch begonnen. Heute rät sie, »falschen Stolz« beiseite zu lassen und von Anfang an ordentlich Geld aufzunehmen.

Gründungsfachleute geben der Jungunternehmerin recht. Birgit Buschmann vom Landesgewerbeamt Baden-Württemberg beobachtet, dass »niedrige Investitionssummen nur eine geringe Rentabilität und ein kleines Einkommen sichern«. Sogar die Pleiteanfälligkeit könnte mit der Kapitalausstattung zusammenhängen, so eine Studie der Universität München (siehe Kap. Rechtsformen). Dennoch backen immer mehr Neugründer kleine Brötchen. Das hat das Institut für Arbeitsmarkt- und Berufsforschung der Bundesanstalt für Arbeit festgestellt. Mit Unternehmenskonzepten, die wenig Kapital benötigen, werden die Schwellen niedriger gelegt; so fällt es leichter, sie zu überschreiten – den Schritt in die Selbstständigkeit zu wagen.

Computer-Spezialist Wolfgang Frank dachte nicht lange nach, als er loslegte. Er stieg über Nacht aus dem Lehramt aus, weil ein fetter Auftrag winkte: eine Firma brauchte einen Internet-Auftritt, und Frank vergaß seine Schulkinder. Mit keiner Träne weint der Spross einer Beamtenfamilie dem Pensionsanspruch nach. Mehr als die Sicherheit zählt für ihn die Freiheit, sagt er. Seine Zeit kann er einteilen, wie er will – nachts Web-Seiten schreiben und am Wochenende Computer-Training geben.

Für den Start brauchte er kaum Kapital. Vor zehn Jahren hatte er viel Geld in teures Gerät gesteckt; so war er bereits ausgerüstet. Mit einer Lehrerin als Ehefrau bildete Frank keine Rücklagen. Von Anfang an kam Geld herein. Seine Kunden zahlten gut und pünktlich. Der Finanzberaterin Karin Jürgens erging dies ebenso. Über säumige Zahler kann sie nicht klagen. Meist wartet sie nur einen Monat auf ihr Geld – Honorare für die Beratung oder Provisionen für Abschlüsse, manchmal auch Vergütungen für Vorträge und Seminare.

Jürgens gehört nicht zu den Spontan-Gründern wie Frank. Sie sammelte systematisch Wissen als Angestellte von Wirtschaftsprüfern, Steuerberatern und Kapitalanlagegesellschaften. Dann holte sich die zielstrebige Dame ein Diplom als Anlagen- und Vermögensberaterin. Sie bildete Rücklagen von 20 000 DM; denn sie wusste, so bald würde sie keine Abschlüsse tätigen. Am Anfang setzte Jürgens ausschließlich auf Öffentlichkeitsarbeit. Ihre Kurse an der Volkshochschule waren gut besucht. Sie brachten ihr die ersten Kunden ein. Niemanden spricht sie von sich aus an, sagt sie. Ganz Dame, wartet Jürgens, »bis die Leute auf mich zukommen«.

Bei Norbert Adler lief es ähnlich: Er bereitete sich schon als Angestellter vor und brauchte nur wenig Kapital. Nach dem Physikstudium lernte er das Handwerk des Patentrechercheurs bei einem solchen, der ihn für sich arbeiten ließ. Ein Jahr nach dem Wechsel ins Unternehmerlager beschäftigt Adler bereits einen freien Mitarbeiter, Physiker wie er. Wenn die beiden die Archive des Deutschen Patentamtes durchstöbern, benötigen sie »eigentlich nur Papier und Bleistift«, so Adler. Deshalb kommt der Jungunternehmer mit 20 000 DM Startkapital und einem Büro in der Privatwohnung ganz gut klar. Er hat keinen Finanzplan aufgestellt, keine Kurse für das Kaufmännische besucht und sich gegen eine GmbH-Gründung entschieden; er bevorzugt den Status der Freiberuflers.

Werbung betreibt der Physiker allerdings wie ein Gewerbetreibender. Er besucht Messen und versendet Werbebriefe. Adler zählt zur Minderheit der in die Selbstständigkeit ziehenden Hochschulabsolventen. 15,6 Prozent wagen den Schritt, obwohl – gemäß Bundesbildungsministerium – viel mehr Studenten danach streben. Nicht jedem zeigt sich ein so relativ risikoarmer Weg auf, der mit wenig Kapital und Planungsaufwand beschritten werden kann, wie der von Adler. Doch vielleicht ergeht es dem Patentrechercheur ebenso wie Westphal mit ihrer Preisagentur: Es könnte sich zeigen, dass er besser doch etwas größer angefangen hätte.

**Fazit:** Neugründer ächzen oft über den Planungsaufwand. Manche schenken sich ihn und legen einfach los, was später nicht selten bereut wird.

## Betriebsübernahme

»Familienunternehmen in der dritten Generation sucht wegen nicht vorhandenem Nachfolger einen Käufer.« Solche Angebote sind heute kein Einzelfall. Von den schätzungsweise 300 000 Unternehmen, die um die Jahrtausendwende an die nächste Generation übergeben müssten, dürfte sich wohl jedes zweite nach anderen Lösungen umsehen müssen. Eine beliebte ist die Suche über die IHK-Existenzgründerbörse im Internet, der wir den erwähnten Eintrag entnehmen. Dort suchen auch angehende Nachfolger nach einem geeigneten Betrieb.

Viele geben sich weitgehend offen. Ein junger Betriebswirt mit zehnjähriger Berufserfahrung besteht lediglich auf dem Großraum Hamburg – Branche: Nebensache. Ein anderer Nachfrager peilt die Marktforschung an, und das ist selten konkret. Häufiger kommt es vor, dass schlicht mit der Frage »Wo fehlt Nachfolger?« in den Markt hineingerufen wird. Das mag an dem gelegentlichen Nachfrageüberhang an der Börse liegen.

Heinz Letzel brauchte keine Existenzgründerbörse, als er seine Nachfolge regelte. Er hatte nämlich Herbert Schwab und Gerda Vlasitz-Kocks, seine Geschäftsführer. Da wäre der Inhaber der

Verum Staticon GmbH, Planegg, mit seinen 140 Mitarbeitern gar nicht von selbst drauf gekommen. Als der Epidemiologie-Professor einen Ruf an die Universität Erlangen erhielt und deshalb an Firmenübergabe dachte, zog er zunächst einen Unternehmensberater hinzu. Otto Gerner von der Trebag Treuhand und Beratung AG, München, betreut seit rund dreißig Jahren in Sachen Unternehmensnachfolge. Er sollte Letzel jemanden von draußen suchen. Da hob Schwab den Finger. Gerner, der Übergabe-Profi, konnte dies nur gutheißen und fördern. Firmenfremden Übernahme-Aspiranten rät er:

- fachliche und persönliche Qualifikation sowie Motivation, Gesundheit und familiäres Umfeld überprüfen,
- Integrations- und Unternehmerqualitäten begutachten,
- professionelle wirtschaftliche Standortbestimmung durch Experten vornehmen lassen,
- Konzept durch Banken überprüfen lassen,
- Motive des Übergebenden prüfen (sie beeinflussen den Gestaltungsrahmen),
- Frage nach dem Hineinpassen in ein vorgeprägtes Gefüge,
- Finanzierungshilfen sondieren – dann nach Übernahme:
- Informationen zu Führungs- und Kontrollinstrumentarien ausbauen,
- nicht durch Rückschläge entmutigen lassen,
- Erfolge mit den Mitarbeitern teilen.

Vor allem Menschliches und Zwischenmenschliches entscheiden nach Meinung von Gerner über Erfolg oder Pleite:

- Kann der Übergeber loslassen?
- Passt dessen Persönlichkeit zu der des Nachfolgers oder erwartet die Mitarbeiter ein Schock?

Die ebenfalls auf Betriebsübergaben spezialisierte Münchner Pi-Group klärt das per Fragebogen ab. Viele schlaue Köpfe beschäftigen sich mit Unternehmensnachfolgen: Berater, Anwälte und zunehmend die Politiker. Im Rahmen ihrer Existenzgründer-Werbung fördern sie die Spielart der Betriebsübernahme nicht selten gesondert. Nicht jede Unternehmensnachfolge bewegt so viel Kapital wie bei der mit medizinischen Reihenuntersuchungen beschäftigten Verum Staticon GmbH. Es gibt auch den Gutachter, der sein florierendes Büro an seinen einzigen Mitarbeiter übergibt. Solche Übernahmen laufen meist mit geringem Planungsaufwand.

**Fazit:** Bei der Betriebsübernahme sollten nicht nur Sie und Ihr Konzept einen Check durchlaufen, sondern vor allem der Übernahmebetrieb und dessen Inhaber.

## Management-Buy-Out

Bei der Betriebsübernahme gibt es Spielarten. Wer nicht kaufen mag, kann sich vielleicht über ein Pachtverhältnis einigen. Das mindert den Kapitalbedarf erheblich, den Gestaltungsspielraum möglicherweise auch. Im Trend liegen die so genannten Management-Buy-Outs (MBO). Hier übernehmen bisherige Führungskräfte meist nur Teile des Betriebes und gründen sozusagen aus. Von diesen MBOs hören wir in jüngster Zeit öfters, denn sie werden durch den Trend zum Outsourcing – Auslagern von Betriebsteilen – stark begünstigt.

Die Ditec Informationstechnologie AG, München, schaffte es, in nur wenigen Monaten sieben verschiedene Software-Bereiche abzustoßen. Im Bemühen um ein »Gesundschrumpfen« half sie bei den MBOs tatkräftig nach. Führungskräfte, die sich beispielsweise mit dem Software-Geschäft für Bau, Spedition oder öffentliche Auftraggeber ins freie Unternehmertum absetzten, bekamen von Ditec die entsprechenden Software-Rechte und Kunden als Mitgift auf den Weg. Auf diese Weise verschwanden bei der AG rund zweihundert Namen von der Gehaltsliste. Und die MBO-Firmen konnten auf einen eingeschworenen Mitarbeiterstamm zurückgreifen.

Die Verträge, unter denen ein Management-Buy-Out zustande kommt, erfordern jedoch so viel knifflige Feinarbeit, dass inzwischen eine Reihe von spezialisierten Rechtsanwälten mit den MBOs ihr Geld verdient. Laut Anwalt Dr. Michael Witzel, der Ditec beriet und betreute, gilt es oft »Überzeugungsarbeit« zu leisten. Arbeitsplatzsicherung und Gewinn stünden nicht selten im Konflikt zueinander. Und das führe zu so manchem Verhandlungsmarathon.

Als die Daimler-Benz Aerospace AG (Dasa) die DIB Gesellschaft für Standortbetreiberdienste mbH, München-Ottobrunn, in die Selbstständigkeit entließ, ging dies nicht von heute auf morgen. Für das MBO-Verfahren brauchten die Gründer Dr. Klaus Maletz und Albrecht Heidenreich viele Monate. Sie konnten auf die Hilfe der Mutterfirma setzen; Dasa sparte durch das Auslagern viel Geld. Dreißig bis vierzig Prozent Einsparpotential liegt im Outsourcing, sagen Branchenkenner.

Viele MBOs verlaufen in bescheidenem Rahmen. Privatsender lagern Produktionsteams aus, Werbeagenturen ihre Spezialabteilungen für Öffentlichkeitsarbeit, Verkaufsförderung o. Ä. Es gibt eine Masse von Reserven. Mit beinahe jedem Wechsel an der Führungsspitze ändert sich die Ansicht darüber, was zum Kerngeschäft gehört und was nicht. Daraus ergibt sich eine Chance für so einige Angestellte mit dem Drang zur Selbstständigkeit. Nehmen Sie Ihren Arbeitgeber mal unter die Lupe: vielleicht bietet sich gerade in dem Bereich, für den Sie Verantwortung tragen, die Gelegenheit zum Outsourcen.

MBO-Firmen gelten als leichtfüßiger. Frei von den Bleilasten der Bürokratie, putzen sie die Arbeit weg wie nie und holen noch Aufträge von Dritten – was oft die Preise senkt. Einmal zu Inhabern gewandelt, legen sich die bisherigen Führungskräfte gleich viel beherzter ins Zeug. Zu diesem meist kalkulierten Motivationsschub kommt das erwähnte Sparpotential. Genug Gründe sprechen für das Outsourcing. Fallen Sie aber nicht mit der Tür ins Haus. Tasten Sie lieber erst einmal ab, was im Hause darüber gedacht wird.

Manche Outsourcing-Profiteure schenken sich das MBO und übernehmen den Betriebsbereich per Solonummer. Bei Andreas Schümchen lief dies so (siehe Kap. Neugründung), dem früheren Chefredakteur von *Grimme* – jetzt Inhaber von ASM. *Grimme,* die Zeitschrift zum gleichnamigen Fernsehpreis, lagerte die Redaktion aus, und Schümchen übernahm diesen Bereich gleich als Dauerauftrag in seine ASM. Mit den Mitteln der modernen Informationstechnologie ist er beim Kunden und Ex-Arbeitgeber sowie bei der Gruppe von freien Mitarbeitern, die er führt, stets präsent.

**Fazit:** Denkt Ihr Arbeitgeber gerade über die Kernkompetenzen des Unternehmens nach, dann haben Sie eine Chance, ihm einen Teil des Restes abzunehmen. Es muss aber nicht immer ein Management-Buy-Out geben; manchmal geht es auch ein paar Nummern kleiner – als Solonummer.

## Tätige Beteiligung

Der eine war Verlagsberater, im Markt gut eingeführt und von gewissem Einfluss; denn er saß in einigen wichtigen Gremien. Der andere studierte Kommunikationswissenschaft und schrieb noch vor seiner Magisterarbeit als Freier bei einer Fachzeitschrift mit, die der Verlagsberater betreute. Die beiden kamen zusammen. Der eine suchte einen Partner für die redaktionellen Zulieferungen zu seinen Kunden, damit er selbst den Kopf für das rein Konzeptionelle freibekam. Der andere nutzte die Gelegenheit, in ein florierendes Unternehmen einzusteigen. Er brachte mit, was erforderlich war. Und das Beraterbüro trieb einer neuen Blüte entgegen.

Sie hatten einander vorher nicht gekannt und waren sich erst über die besagte Fachzeitschrift begegnet. In der Persönlichkeitsstruktur waren die beiden fast konträr. Das hinderte sie aber nicht daran, sich gegenseitig in hohem Maße zu respektieren. Jeder war froh, dass er den anderen hatte. Dabei ging es in diesem Geschäft weniger um Kapital, das durch den tätigen Teilhaber einzubringen war, sondern mehr um Talent – im amerikanischen Sinne: nämlich Menschen mit gesuchten Begabungen und Fähigkeiten. Ein solches Talent war der neue Partner, und ihm gelang es zudem immer wieder, neues Talent für das Beraterbüro zu finden.

Wenn allerdings das Geld eine größere Rolle spielt, kann der Einsteiger bei den öffentlichen Förderprogrammen zulangen. Sogar Minderheitsbeteiligungen werden gefördert, sofern sie dem angehenden Teilhaber eine wirtschaftlich ausreichende Lebensgrundlage bieten – Stichwort: Vollexistenz – und er einen hinreichenden unternehmerischen Einfluss genießt. Das heißt, im Normalfall muss der tätige Teilhaber, sofern er öffentlich gefördert werden möchte, zum Geschäftsführer bestellt sein. Bei dem erwähnten Verlagsberater lief dies so. Allein schon um dem einsteigenden Partner das ihm nun zustehende Auftreten zu sichern, ist so ein Posten empfehlenswert.

Zwischen den Partnern muss es stimmen. Deshalb sollte eine tätige Beteiligung mit aller Vorsicht und Umsicht angegangen werden. Vertraglich lässt sich vieles regeln, aber nicht alles. Wenn es im zwischenmenschlichen Bereich daneben geht, hilft selbst der ausgeklügelte Gesellschaftsvertrag nichts. Patentrezepte gibt es nicht, wie das Beispiel Verlagsberaterbüro zeigt, wo beide sich kaum kannten und so unterschiedlichen Wesens sind, dass sie wohl nicht einmal ein Wochenende miteinander verbringen könnten.

Was den beiden half, war die klare Aufgabenteilung. Der hereinnehmende Partner hatte auf so etwas wie den Einsteiger nur gewartet, um Zeit für seine Lieblingsaufgaben zu gewinnen. Glücklicherweise zeigte sich der tätige Teilhaber dem ihm überlassenen Aufgabenfeld voll gewachsen, sodass die Partnerschaft tatsächlich gelang. Wer allzu lang als Angestellter unter seinem künftigen Partner diente, wird nur schwerlich in eine gleichberechtigte Position hineinkommen. Anders sieht es jedoch aus, wenn der hereinnehmende Partner mit seinen Gedanken – und nicht nur mit diesen – vermehrt auf dem Golfplatz verweilt. Das könnte jedoch das Betriebsergebnis schwer belasten. Ein Patentrezept gibt es nun einmal nicht.

**Fazit:** Eine klare Arbeitsteilung fördert auch bei der tätigen Beteiligung das Gelingen einer Partnerschaft. Hinzu kommt im Idealfall, dass der eine den Beitrag des anderen wertschätzt. Und dies sollte über das eingebrachte Kapital weit hinausgehen.

## Franchising

Im väterlichen Betrieb, einer Fabrik für Jeans hatte sie für das Design verantwortlich gezeichnet. Dann kam ihr erstes Kind, die Fabrik ging an einen amerikanischen Konkurrenten, und sie stieg aus dem Modedesign aus. Ich traf sie wieder, als sie ein Franchise-Seminar in der Stadt besuchte. Sie trug sich mit dem Gedanken, ein »Esprit«-Modegeschäft aufzuziehen. Bei dem Markennamen stutzte ich, obwohl ich ihn kannte. Als Franchisegeber im Textileinzelhandel hatte damals Ende der Achtziger nur »Benetton« von sich reden gemacht. Das änderte sich aber. Dem Beispiel der Italiener sollten noch viele Modehersteller folgen.

In der Fußgängerzone einer Kleinstadt händigte mir eine Dame eine Broschüre aus, auf deren Vorderseite »Wein, Öl, Essig, Likör und Spirituosen aus dem Fass« angepriesen waren. Auf der Rückseite warb die Firma, die Vom Fass AG in Ravensburg, um Franchisenehmer. Gewünscht waren »Mut, Überzeugung und Kapitalbereitschaft«. Rund 150 überzeugte Mutige haben sich bereits gefunden.

Franchise ist immer und überall: Wenn wir auf einen Hamburger gehen, ein neues Teil erwerben, einen Pulli oder so – oder Öl vom Fass – alles Franchise. Braucht Ihr Kind Nachhilfe, einen neuen Computer, selbstredend den preiswertesten, brauchen Sie selbst jemanden für Ihre Schreibarbeit oder suchen Sie einen neuen Job – Franchise. Es gibt Nachhilfeschulen, Preisvergleichs-Agenturen, Büroservice und private Arbeitsvermittlung im Franchise-System.

**Was ist Franchise?**

- Ein Absatzsystem rechtlich selbstständiger Unternehmen,
- vertikal-kooperativ organisiert,

- auf Basis eines vertraglichen Dauerschuldverhältnisses,
- mit arbeitsteiligem Leistungsprogramm der Systempartner,
- mit Weisungs- und Kontrollsystem,
- mit systemkonformem Verhalten.

**Franchisegeber und Franchise-Paket**
- Beschaffungs-, Absatz-, Organisationskonzept,
- Nutzungsrecht an Schutzrechten – Markennamen etc.,
- Ausbildung des Franchisenehmers,
- laufende Unterstützung des Franchisenehmers,
- Weiterentwicklung des Konzeptes.

**Franchisenehmer**
- im eigenen Namen und für eigene Rechnung tätig,
- Nutzen des Franchise-Pakets gegen Entgelt,
- Leistungsbeitrag: Arbeit, Kapital und Information.

Diese Wendungen sind der Begriffsklärung »Franchising« des Deutschen Franchise-Verbands, München, entnommen. Darüber hinaus lässt sich feststellen, dass der Franchise-Vertrag als Dreh- und Angelpunkt des Geschäftsverhältnisses nach dem Willen des Gesetzgebers unverzichtbar ist. Er regelt die Zusammenarbeit und umreißt die Ziele. Im Falle von Streitigkeiten gilt er als Beweismittel.

Streit geben kann es durchaus. Susanne Westphal, die bescheidene Gründerin (siehe Kap. Neugründung), entwickelte sich so vielversprechend, dass sie mit Preiswärter, der Agentur für Preisvergleiche, bis zu vierzig Franchisenehmer fand. Rund die Hälfte davon sprang ihr wieder ab. Einige klagten und forderten ihr Lizenzgeld zurück. Sie hätten mit dem Verfahren nicht genug verdient, hieß es. Dennoch blieben sie im Geschäft, verglichen nach wie vor Preise und schlossen sich zu zwei verschiedenen Gruppen zusammen – PreisControl und Abakus.

»Ein Franchise-Konzept kann nur Geschäftsgrundlage sein«, so

Felix Peckert, Geschäftsführer des Deutschen Franchise-Verbands, zu dem Fall: »Den Erfolg muss sich der Unternehmer selbst erarbeiten.« Offenbar schieben die Franchisenehmer bei mangelndem Erfolg die Schuld nur zu gern dem Franchisegeber zu. »Es kommt regelmäßig vor, dass sich Aussteiger so die Gebühren sparen wollen«, erklärt Hans Lang vom Deutschen Franchise-Institut, »doch die überleben zu neunzig Prozent nicht.«

**Vorteile des Franchising**
- Bekanntheitsgrad,
- Image,
- vom Markt akzeptierter Standard,
- erprobte Strategie,
- Know-how,
- Nutzungsrechte, z. B. Datenbank,
- Arbeitsteilung mit dem Franchisegeber,
- Hilfestellung des Franchisegebers.

**Nachteile des Franchising**
- Abhängigkeit von der Qualität des Systems,
- wenig Gestaltungsspielraum,
- wenig unternehmerische Freiheit,
- Franchisegebühren.

Bevor Sie einen Franchise-Vertrag abschließen, überprüfen Sie:
- den Wettbewerbsvorsprung (ein Muss des Franchising),
- Image und Bekanntheitsgrad,
- Akzeptanz im Markt,
- Einhaltbarkeit der Standards und Pflichten,
- Mitgliedschaft im Deutschen Franchise-Verband e.V.,
- Förderungsfähigkeit durch die Deutsche Ausgleichsbank (Bescheinigung des Franchisegebers).

Zudem nimmt der Deutsche Franchise-Verband in München für Sie eine Vertragsprüfung vor.

**Fazit:** Als Franchise-Gründer hängen Sie sich an ein fertiges Konzept an. Damit genießen Sie vielleicht mehr Sicherheit, aber dafür auch weniger Gestaltungsspielraum.

# Wichtige Schritte beim Gang in die Selbstständigkeit

Der eine startet, sobald sich Kundschaft einstellt. Manchen genügt schon ein einziger Großauftrag, wie beispielsweise dem Computer-Crack Wolfgang Frank (siehe Kap. Neugründung). Andere wagen den Schritt in die Selbstständigkeit, wenn sie endlich die passenden Räumlichkeiten finden. Und wiederum andere legen los gleich nach dem Erwerb der Rechte vor irgendetwas Neuem und Erfolgversprechendem.

Bei jeder Existenzgründung wird anders vorgegangen. Manchmal läuft es etwas überstürzt. Aber eine lang erwartete oder seltene Gelegenheit erfordert vielleicht den unverzüglichen Einstieg. Ein Strickmuster gibt es nicht; im Regelfall dürfte sich eine durchdachte Existenzgründung jedoch folgendermaßen vollziehen.

**Fünf Schritte zur Existenzgründung**

1. Schritt: Sondieren
von Markt, Recht und Finanzen bei den potentiellen Kunden, bei Kammern, Verbänden, Banken, Behörden, Beratern, potentiellen Lieferanten und Vermietern

2. Schritt: Planen
von Kapitalbedarf und Umsatz bis hin zum Business Plan mit Hilfe ständiger Informationsfindung, Betreuung durch Gründungsberater oder Besuch einschlägiger Seminare

3. Schritt: Beschaffen
von Finanzmitteln – einschließlich Krediten und öffentlichen

Fördergeldern, von Betriebsräumen und Ausstattung, Netzanschlüssen, Maschinen und Material, Geschäftspapieren, Schildern u. Ä., gegebenenfalls Mitarbeitern und Rechten, Versicherungsschutz und persönlicher Absicherung

4. Schritt: Anmelden
als Freiberufler beim Finanzamt, als Kleingewerbetreibender beim Gewerbeamt, als Kaufmann beim Gewerbeamt plus Eintrag im Handelsregister, als Handwerker in der Handwerksrolle der Handwerkskammer, bei bestimmten Gewerben und Tätigkeiten bei weiteren Stellen (siehe Kap. Behördengänge)

5. Schritt: Eröffnen
Geschäftskonto bei der Bank eröffnen, Geschäftspapiere mit entsprechenden Angaben bedrucken – auch Registernummer etc., Aufbau- und Ablauforganisation gestalten, Eröffnungswerbung starten

Bei jedem Existenzgründer liegen die Schwerpunkte woanders. Dem einen mag in der Sondierungsphase ein Informationsgespräch mit dem Finanzamt viel bringen. Ein anderer wird vielleicht ständig mit seinem Angebotspreis beschäftigt sein und entsprechende Gespräche suchen. Ein Dritter nimmt bereits bei der Sondierung emsig Kontakt zu den Medien auf. Andere heben sich dies hingegen für die Geschäftseröffnung auf, bei der für viele bereits alle Organisationsfragen geklärt sind, während so manche erst nach dem Start über ein geeignetes Rechnungswesen nachdenken.

Darüber hinaus unterscheidet sich der Zeitbedarf von Fall zu Fall. Für die Sondierung sowie für die Planung sollten Existenzgründer so viel Sorgfalt wie möglich aufbringen. Hier darf nicht geschludert werden. Im Eildurchlauf gelingt weder eine Analyse noch ein Konzept. Wenn es dann ans Umsetzen geht, zieht sich ohnehin alles etwas in die Länge. Es dauert oft Wochen, bis die Bank den Kredit herausrückt, die Fördergelder genehmigt sind, Räumlichkeiten gefunden werden und eine Maschine geliefert wird.

Zudem brauchen die Behördengänge nicht nur Zeit; sie wollen auch vorbereitet sein. Zumindest sollte sich der Existenzgründer erkundigen, wo er wann mit welchen Unterlagen und Nachweisen aufkreuzen darf. Persönliches Erscheinen ist erwünscht – und nur beim Finanzamt nicht erforderlich. Hetze bringt nichts; treten Sie lieber geduldig an die Behörden heran. Der Amtsschimmel will sachte geritten sein. Sonst scheut er.

**Fazit:** Nur Schritt für Schritt kommen Sie Ihrem Ziel näher. Gehen Sie in allen Gründungsphasen so planmäßig wie möglich vor, und verlieren Sie nie den Zeitfaktor aus den Augen.

## Behördengänge

Dem Schritt in die Selbstständigkeit hat der Gesetzgeber eine Reihe von Behördengängen vorgeschaltet. Es geht um
- Steuern,
- Gewerberecht,
- Handelsrecht,
- Standesrecht,
- Verbraucherschutz,
- Versicherungen.

Das ganze Programm benötigt nicht jeder. Freiberuflern beispielsweise bleibt in vielen Fällen der Gang auf die Ämter erspart. Müssen sie nicht standesrechtlichen Auflagen genügen wie beispielsweise Ärzte, Rechtsanwälte, Steuerberater, Architekten u.v.a.m., genügt ein Anruf beim Finanzamt. Was ein Freiberufler braucht, um loszulegen, ist eine Steuernummer.

Kleingewerbetreibende brauchen häufig nur den Gewerbeschein. Bei ihrer Kommune holen sie zunächst den Vordruck für ihre Gewerbeanzeige. Sie füllen diese sauber aus und erscheinen persönlich samt Ausweispapieren damit auf dem Amt. Dieser Gang bleibt ihnen nicht erspart. Dafür leitet das Gewerbeamt einige Durchschläge der Gewerbeanzeige weiter.

- Finanzamt,
- Gewerbeaufsichtsamt,
- Kammer (IHK o. Handwerk),
- Berufsgenossenschaft,
- Arbeitsamt,
- Registergericht,
- AOK,
- Statistisches Landesamt.

Kaufleute müssen darüber hinaus zum Registergericht, Abteilung Handelsregister. Ohne einen Notar läuft in der Regel nichts. Er besorgt die Anmeldeformalitäten. Falls formelle Voraussetzungen fehlen, ist er es, den das Registergericht davon unterrichet. Da der Anmeldevorgang der Kammer zu Stellungnahme zugeht, dauert das alles ein wenig.

Angehende Partnerschaftsgesellschaften müssen ebenfalls zum Registergericht – Abteilung Partnerschaftsregister. Zum Eintrag kommen dort Namen und Sitz der Partnerschaft, Angaben zu den Partnern, Gegenstand der Partnerschaft und Beginn derselben. Verlangt der Gesetzgeber für die geplante Tätigkeit etwa Zulassungen und Prüfungsnachweise, sind diese vorzulegen.

Zusätzliche Gänge meist zu den Stadt- und Kreisverwaltungen obliegen allen, die ein erlaubnispflichtiges Gewerbe anstreben – von der Personenbeförderung, über den Güterkraftverkehr oder das Zoogeschäft bis hin zum Bauträger und Makler. Wer eine Leiharbeitsfirma oder eine private Arbeitsvermittlung plant, braucht den Segen des Landesarbeitsamtes. Unternehmen des Bewachungsgewerbes benötigen die Bescheinigung der IHK, angehende Wirte den Nachweis eines einschlägigen Unterrichts bei derselben; wenn sie ihr Fach schon beherrschen, muss ihnen das die Kreisverwaltung bestätigen.

Handwerker müssen in die Handwerkskammer eintreten und einen Eintrag in die Handwerksrolle vornehmen lassen. Nachweis für den Eintrag ist die Handwerkskarte; sie ist bei der Gewerbeanmeldung mitzubringen. Handwerksähnliche Betriebe müssen den Geschäftsbeginn zwar der Kammer anzeigen – eine Pflichtmitgliedschaft besteht aber nicht.

Auf der Anmeldung ihrer Schäfchen beharren zudem die Kammern der Freien Berufe.

- Ärztekammer,
- Architektenkammer,
- Rechtsanwaltskammer,
- Steuerberaterkammer.

Eine Woche nach der Betriebseröffnung will die zuständige Berufsgenossenschaft darüber Bescheid wissen. Sie erhält zwar einen Durchschlag der Gewerbeanmeldung, besteht aber auf einer separaten Meldung, unabhängig davon, ob Arbeitnehmer beschäftigt werden oder nicht. Welche Berufsgenossenschaft zuständig ist, sagt Ihr Landesverband.

Beschäftigen Sie Arbeitskräfte, müssen Sie sich beim Arbeitsamt anmelden. Sie erhalten dort eine Betriebsnummer, die Sie für das Meldeverfahren der Sozialversicherung benötigen. Der Meldepflicht müssen Sie in den ersten beiden Wochen nach der Einstellung genügen. Geben Sie also Gas.

Innerhalb eines Monats muss der Existenzgründer beim Finanzamt gemeldet sein. In der Regel erfährt der Fiskus von der Betriebsaufnahme durch das Gewerbeamt, das einen Durchschlag von der Gewerbeanzeige schickt. Freiberufler melden sich selber beim Finanzamt. Das schickt dann im Normalfall einen Fragebogen. Wenn dieser auf sich warten lässt, sollte der Existenzgründer nachfassen. Auch Gewerbetreibende dürfen sich selbst beim Amt melden.

Erkundigen Sie sich bei allen für Sie in Frage kommenden Behörden nach den Fristen und der Bearbeitungszeit. Sie wollen doch nicht in Verzug kommen.

Klären Sie im Vorfeld so viel wie möglich ab. Fragen Sie nach den mitzubringenden Ausweisen und Unterlagen, nach Öffnungszeiten und Zuständigkeiten. Das spart Zeit und Wege.

**Fazit:** Stimmen Sie die Fristen und Bearbeitungszeiten der Behörden auf Ihren Zeitplan ab. Erst einmal den Betrieb aufnehmen und dann weitersehen – so etwas geht nicht.

## Berater

Sie wälzen Fachbücher und Nachschlagewerke. Irgendwann stellen Sie fest, dass Sie doch einen Berater brauchen. Jemanden, der Ihnen hilft, das Angelesene umzusetzen. Einen kundigen Menschen, der sein Wissen bereitwillig anzapfen lässt – seine Erfahrungsschätze mit Ihnen teilt. Viele landen dann beim Steuerberater. Andere gehen zum Anwalt. Vor solchen Besuchen ist nicht allein die Kostenfrage zu klären. Existenzgründer sollten genau wissen, welche Punkte sie abklopfen möchten. Dann finden sie eher zum geeigneten Gesprächspartner, schneller zum nutzbringenden Gespräch.

Kostenbewusste suchen die IHK auf. Dort kümmern sich einige Büros um ihre Belange. Darüber hinaus bieten viele Kammern hauseigene Berater für Gründungswillige an. Alle Gespräche laufen zum Null-Tarif. Auch Nicht-Mitglieder werden freundlich beraten. Zum einschlägigen Angebot der Kammern zählen zudem Kontaktbörsen und Seminare. Handwerkskammern haben ebenfalls viel zu bieten. Sie bedienen jedoch ausschließlich Handwerker.

Berater finden sich auch in öffentlichen Ämtern. Allmählich gehen die Arbeitsämter dazu über, Existenzgründer zu betreuen – nicht nur mit den dafür vorgesehenen Überbrückungsgeldern, sondern auch mit Beratung und Schulungsangeboten. Verbände nehmen sich der Gründer an. Verlangt wird allerdings die Mitgliedschaft.

Unter den rund zehntausend deutschen Unternehmensberatern arbeiten nicht wenige als Gründungsberater. Einen solchen zu beauftragen, erscheint verlockend, zumal ein Zuschuss von 3000 oder 4000 DM winkt. Das Geld ist jedoch bis zum Abschluss der Beratung vorzuschießen. Erst mit dem schriftlichen Beratungsbericht in der Hand, kann der Zuschuss beantragt werden. Am besten über die IHK beim Deutschen Industrie- und Handelstag (DIHT), beim Bundesverband der Deutschen Industrie (BDI) oder bei der Bundesvereinigung der Deutschen Arbeitgeberverbände. Die Adressen finden Sie im Anhang.

Vor dem Engagement eines Gründungsberaters:

- Beratungsbedarf genau festlegen,
- Qualifikation und Referenzen des Beraters vorweisen lassen,
- Leistungsumfang und Arbeitablauf besprechen,
- Vergütung vereinbaren (Vorsicht bei Pauschalpreisen!) und Modalitäten auf staatlichen Zuschuss abstimmen.

Bevor der Gründungsberater Ihren Fall übernimmt, wird er Ihr Vorhaben zunächst einmal prüfen. Sie selbst stehen dann auch auf dem Prüfstand – Ihre fachmännischen und kaufmännischen Kenntnisse, Ihr unternehmerisches Denken, Ihre persönliche Ausgangslage etc. Dann befasst sich der Berater mit der Frage, ob Ihr Vorhaben in eine tragfähige »Vollexistenz« einmündet. Denn »Hobby-Gründungen« und »Kümmer-Existenzen« werden nicht mit öffentlichen Mitteln gefördert.

Nimmt der Gründungsberater Sie als Kunden an, dürfen Sie hoffen, dass Ihre Bemühungen von Erfolg gekrönt sein werden. Doch zunächst geht es erst einmal darum, einen vernünftigen Beratervertrag abzuschließen. Ein Werkvertrag ist für den Kunden günstiger; er ist an ein bestimmtes Ergebnis gekoppelt. Deshalb bieten die Berater lieber Dienstverträge an. Hier können sie nicht für ein Überziehen von Fristen und für etwaige Fehler zur Rechenschaft gezogen werden. Dienstverträge haben das Ableisten einer bestimmten Tätigkeit zum Inhalt, aber keine Ergebnisse.

Punkt um Punkt können Sie alle von Ihnen gewünschten Leistungen in den Vertrag hineinschreiben. Zum Beispiel:

- Sammeln und Auswerten von Daten,
- Entwerfen eines Gründungsplanes,
- Erstellen der Planung,
- Beratung im Hinblick auf öffentliche Fördermittel,
- Beratung in allen betriebswirtschaftlichen Fragen,

- Festlegen der Maßnahmen,
- Erstellen des Beratungsberichts zwecks Zuschuss-Beantragung.

Selbstverständlich sind Honorar und Zahlungsmodalitäten in den Vertrag mit aufzunehmen. Denkbar ist ein Bezahlen in Etappen, das im Einklang mit bestimmten Leistungseinheiten steht. Der Zeitfaktor darf nicht vergessen werden. Wann gilt eine Leistung als erstellt, wann ein Auftrag als beendet? Der Vertrag muss darüber Klarheit schaffen.

Als Bestandteil der Allgemeinen Auftragsbedingungen kann man Folgendes nennen:

- eine gegenseitige Loyalitätsverpflichtung,
- Mitwirkungspflichten des Auftraggebers,
- Haftungsfragen,
- Verzug und Rücktrittsrecht,
- Vertragsdauer und Kündigung.

Eine Gründungsberatung dauert Monate. Sie werden in dieser Zeit mehrfach mit dem Berater zusammentreffen. Ihre Zusammenarbeit vollzieht sich im Wesentlichen in folgenden Schritten:

- Prüfung des Vorhabens,
- Informationsgespräch,
- Vertragsgespräch,
- Beratungssitzungen,
- Beiträge und Zulieferungen des Auftraggebers,
- Unternehmenskonzept,
- Anleitung zur Umsetzung in die Praxis,
- Beratungsbericht.

Dann können Sie den Antrag auf Zuschuss stellen. Das Geld, das Sie dann bekommen, will keiner mehr von Ihnen zurück.

Wenn Sie vom Berater profitieren wollen, müssen Sie mit ihm können, wie der Volksmund sagt. Einen solchen Menschen finden Sie vielleicht bei Ihrer Hausbank oder vielleicht sogar im Bekanntenkreis. Welche Anforderungen Sie an die Professionalität der Beratung stellen, kommt auf Ihren Bedarf an. Meiden Sie den Gang zum Profi nicht, weil es Ihnen um das viele Geld Leid tut. Das bekommen Sie zum Teil – als Zuschuss – zurück. Andererseits sollten Sie sich keinen Top-Berater gönnen, wenn Sie das, was Sie brauchen, auch an anderer Stelle kriegen. Was nützt Ihnen der große Berater-Star, wenn die Chemie nicht stimmt? An einem Beratervertrag können Sie feilen, so lange Sie wollen. Letztendlich sitzen sich dann doch nur zwei Menschen gegenüber.

**Fazit:** Einer der wichtigsten Schritte auf dem Weg in die Selbstständigkeit führt zur Beratung. Alles können Sie sich nun auch nicht anlesen. Holen Sie sich das Wissen aus den vorangegangenen Gründungen anderer.

## Weiterbildung

Als der Patentrechercheur Norbert Adler (siehe Kap. Neugründung) in dic Selbstständigkeit startete, schenkte er sich all die Kurse und Seminare für Existenzgründer. Sein Handwerk lernte er als Angestellter eines Patentrechercheurs. Viel Kaufmännisches kam dabei nicht rüber. So blieb der Physiker Adler weitgehend davon unbeleckt. Als Manko hat er das bislang noch nicht erkannt. Sein Rechnungswesen beschränkt er auf das Zusammenstellen der Einnahmen und Ausgaben – als Freiberufler darf er dies. Bei der Werbung legt Adler etwas mehr Ehrgeiz an den Tag. Immerhin versendet er Werbebriefe und besucht Messen. Doch gelernt hat er das nie.

Seminare für Existenzgründer vernachlässigen nicht selten das Marketing. Aus Lehrbüchern wird den Teilnehmern etwas zusammengebraut, was sie kaum richtig verdauen können; denn es fehlt meist die Umsetzung in die Praxis. Einmal wohnte ich einem Seminar bei, das mit der so genannten Aida-Formel aufwartete. Wenig wussten die Teilnehmer damit anzufangen, dass der Aufmerksamkeit (A für Attention), das Interesse (I), der Kaufwunsch (D für Desire) und die Aktion (A) zu folgen hätten. Vielmehr wollten sie wissen, wie sie kostengünstig das Internet für ihre Belange einsetzen könnten. Doch darauf war der Seminarleiter nicht vorbereitet.

Ein mäßiges Seminar ist immer noch besser als gar keines. Deshalb nehmen Sie mit, was geht: Wirtschaft, Steuer, Recht, Organisation, Management – und selbstverständlich Marketing. Sie sollten sich ebenfalls in Finanzierungsfragen fit machen. Kalkulation und Buchführung gehören zur Grundausstattung eines jeden Existenzgründers. Selbst wenn Sie diese anderen übertragen, sollten Sie genug davon verstehen, um mitreden zu können.

Am besten wissen Sie selber, wo es bei Ihnen fehlt. Genau dort sollten Sie Schwerpunkte setzen. Klappern Sie in aller Ruhe sämtliche Stellen ab, die Kurse und Seminare anbieten. Einer Ihrer ersten Anlaufpunkte sollte die Industrie- und Handelskammer sein. Sie veranstaltet selber Seminare und gibt Auskunft über das weitere Angebot.

Bevor Sie buchen, nehmen Sie die fraglichen Seminarleiter und Referenten unter die Lupe. Ihr Wissen und ihr Bezug zur Praxis kann entscheiden, ob Sie aus dem Seminar etwas Nützliches mitbringen oder nicht. Erkundigen Sie sich zudem nach dem Seminarablauf. Frontalunterricht pur führt nur in Einzelfällen weiter. Vorzuziehen sind Interaktion, Arbeitsgruppen, Medieneinsatz und Simulationen.

Je mehr Ansprüche Sie stellen, desto mehr dürfen Sie in der Regel ausgeben. Das kann sich jedoch auszahlen. Ein schlechter Kurs für wenig Geld kostet Sie immer noch Zeit, und damit sollten Sie haushalten. Unter dem Strich fahren Sie mit dem teureren Seminarbesuch vielleicht besser.

**Checkliste für den Seminarbesuch**

- Defizite feststellen,
- Schwerpunkte setzen,
- Angebote einholen,
- Preisvergleich – einschließlich Fahrtkosten, Arbeitsausfall usw.,
- Leistungsvergleich, z. B. Qualifikation der Referenten,

- Seminarbeurteilung,
- Erfolgskontrolle, z. B. unter dem Gesichtspunkt der
- Umsetzung in die Praxis – oder der
- Anwendbarkeit auf Ihren Fall – oder dem
- Schließen nutzbringender Kontakte.

Vergessen Sie nicht, dass Sie auf Weiterbildungs-Veranstaltungen eine Menge Leute kennen lernen. Daraus kann so mancher Geschäftskontakt entstehen. Warum sollte der Seminarleiter nicht auch zum Kunden taugen? Oder der Referent, sofern er in seinem beruflichen Alltag diesen und jenen Auftrag zu vergeben hat? Als wahrer Fundus können sich jedoch die Kontakte zu anderen Seminarteilnehmern herausstellen. Wer ein Geschäft beginnt, braucht eine Menge Zuarbeit. Und vielleicht haben Sie genau das zu bieten, was Ihr Seminarkollege benötigt. Bleiben Sie in Verbindung. Es könnte sich lohnen. Falls keine Geschäfte daraus erfolgen, bleibt immer noch der Erfahrungsaustausch.

Studien ergaben, dass mittelständische Unternehmen das weitgefächerte Weiterbildungs-Angebot auf dem Markt unterdurchschnittlich nutzen. Das liegt meist daran, dass die Mitarbeiter nicht für Tage aus dem Betrieb herausgenommen werden können, ohne dass der gesamte Arbeitsablauf ins Stocken kommt. Großunternehmen geht es da besser. Sie schicken ihre Angestellten eher mal ins Seminar. Daraus ergeben sich klare Vorteile für die Goliaths der Wirtschaft.

Sie als David sollten es den Großen zeigen. Wendiger sind Sie allemal. Und wenn Sie sich permanent mit Wissen wappnen, holen Sie von Fall zu Fall vielleicht einen Vorsprung heraus. Weiterbildung vollzieht sich heute nicht allein durch Besuch von Seminaren u. Ä. Nutzen Sie die Möglichkeiten des computergestützten Lernens und des Internets. Mit den Errungenschaften von Multi-Media müssen Sie sich keinen Meter von Ihren Geschäftsräumen entfernen. Sie bleiben präsent und für Kunden und andere Geschäftsfreunde ansprechbar.

Lebenslanges Lernen wird nicht nur den beruflichen Alltag der

Angestellten bestimmen. Für Unternehmer und Selbstständige hängt noch mehr davon ab. Wissenslücken und mangelnde Fähigkeiten können Sie vom Markt fegen. Halten Sie deshalb nicht nur Schritt, sondern seien Sie der Mehrzahl Ihrer Mitbewerber um Längen voraus. Lernen Sie lebenslang.

**Fazit:** Nur wer Gelerntes umsetzen kann, lernt erfolgreich. Stellen Sie deshalb Ihren Bedarf genau fest. Aber stopfen Sie nicht nur Lücken, sondern ebnen Sie Ihren Weg in die Zukunft.

# Anhang

## Wichtige Adressen

**Alt hilft Jung e.V.**
Bundesarbeitsgemeinschaft der Senior-Experten
Kennedyallee 62–70
53175 Bonn
Tel.: 02 28/88 92 36
Fax: 02 28/88 93 48
E-Mail: althilftjung-zentrale@t-online.de
Internet: http://www.alt-hilft-jung.w3d.de
Alt hilft Jung ist ein Zusammenschluss von Initiativen, die es sich zum Ziel gesetzt haben, Fachleute, die aus dem aktiven Berufsleben ausgeschieden sind, und Existenzgründer zusammenzubringen. Senior-Experten stellen hier auf ehrenamtlicher Basis ihr Wissen zur Verfügung.

**Arbeitsgemeinschaft Deutscher Technologie- und Gründerzentren e.V. (ADT)**
Rudower Chaussee 5
12489 Berlin
Tel.: 0 30/63 92-62 21
Fax: 0 30/63 92-62 22
E-Mail: adt@adt-online.de
Internet: http://www.adt-online.de
Das Netzwerk der Technologie- und Gründerzentren in Deutschland umfasst 200 Standorte für junge innovative Firmen und technologieorientierte Existenzgründer.

**Arbeitsgemeinschaft Förderung Partnerschaft in der Wirtschaft e.V. (AGP)**
Landgraf-Karl-Str. 2
34131 Kassel
Tel.: 05 61/3 60 44
Fax: 05 61/3 38 50
E-Mail: info@agpev.de
Internet: http://www.agpev.de
Die AGP ist ein Zusammenschluss von 500 Unternehmen, deren Mitarbeiter durch Beteiligungen als Mitunternehmer fungieren.

**Arbeitsgemeinschaft Selbständiger Unternehmer e.V. (ASU)**
Reichsstr. 17
14052 Berlin
Tel.: 0 30/3 00 65-0
Fax: 0 30/3 00 65-5 00
Internet: http://www.asu.de
Die ASU sieht sich als politische Interessenvertretung der selbstständigen Unternehmer, die sich in allen relevanten Fragen der Wirtschafts-, Wettbewerbs-, Mittelstands-, Sozial-, Steuer- und Finanz- und Rechtspolitik engagiert.

**Bund der Selbständigen/Deutscher Gewerbeverband e.V. (BDS-DGV)**
Platz vor dem Neuen Tor 4
10115 Berlin
Tel.: 0 30/28 04 91-0
Fax: 0 30/28 04 91-11
E-Mail: bds-dgv@t-online.de
Internet: http://www.bds-dgv.de
Im Auftrag des Bundeswirtschaftsministeriums prüft eine Förderungsgesellschaft des BDS-DGV Antragsunterlagen zur Bezuschussung von Existenzgründungsberatungen sowie Informations- und Schulungsveranstaltungen. Darüber hinaus informiert sie über Mittelstandsförderprogramme der Bundesregierung.

**Bundesamt für Wirtschaft (BAW)**
Frankfurter Str. 29–31
65760 Eschborn
Tel.: 06196/404-0
Fax: 06196/404-212
E-Mail: bundesamt@bawi.de
Internet: http://www.bawi.de
Zu den Aufgaben der selbstständigen Bundesbehörde gehört auch der Bereich Wirtschaftsförderung. Hierbei führt das BAW im Auftrag des BMWi ausgewählt Förderprogramme mit vornehmlich mittelstandsbezogener Zielsetzung durch.

**Bundesanstalt für Arbeit (BA)**
Regensburger Str. 104
90478 Nürnberg
Tel.: 0911/179-0
Fax: 0911/179-1343
Internet: http://www.arbeitsamt.de
Mit einer »Vermittlungsbörse für Existenzgründungen, Kooperationen und Firmennachfolgen« stellt die BA im Internet eine Kommunikationsplattform bereit, die allen Interessierten – Gründern, Firmeninhabern, Kooperationspartnern, Erfindern, Tüftlern, Jungunternehmern etc. – offen steht.

**Bundesministerium für Bildung und Forschung (BMBF)**
Heinemannstr. 2
53175 Bonn
Tel.: 0228/57-0
Fax: 0228/57-2094
Dienstsitz Berlin
Hannoversche Str. 30
10115 Berlin
Tel.: 030/28540-0
Fax: 030/28540-5270
E-Mail: information@bmbf.bund400.de
Internet: http://www.bmbf.de

Beim BMBF können Sie Adressen von Technologie- und Gründerzentren erhalten sowie sich über die Patent- und Erfinderförderung informieren.

**Bundesministerium für Wirtschaft und Technologie (BMWi)**
Scharnhorststr. 34–37
10115 Berlin
Tel.: 030/2014-9
Fax: 030/2014-7010
Förderberatung: Tel: 030/2014-7649, 7655
Fax: 030/2014-7033
E-Mail: foerderberatung@bmwi.bund.de
Dienstsitz Bonn:
Villemombler Str. 76
53123 Bonn
Tel.: 0228/615-0
Fax: 0228/615-4436
E-Mail: info@bmwi.bund.de
Internet:http://www.bundeswirtschaftsministerium.de
In der Auskunftsstelle des BMWi erhalten Sie Informationen zu den Förderprogrammen des Bundes, der Länder und der EU. Die Auskünfte schließen Angaben zu Verfahrenswegen zur Erlangung von Fördermitteln, Anlaufstellen und Konditionen der Förderprogramme ein. Nach Vereinbarung werden in Berlin kostenlose Beratungen für Existenzgründer und Investoren durchgeführt. Darüber hinaus hat das BMWi zusammen mit Focus eine Gründer-Akademie im Internet (http://focus.de/ existenzgruendung) eingerichtet.

**Bundesstelle für Außenhandelsinformation (bfai)**
Agrippastr. 87–93
50676 Köln
Tel.: 0221/2057-0
Fax: 0221/2057-212
E-Mail: presseinfo@bfai.com
Internet: http://www.bfai.com
Die bfai hilft als Servicestelle des Bundesministeriums für Wirt-

schaft und Technologie insbesondere kleinen und mittleren Unternehmen auf dem Weg ins Auslandsgeschäft.

**Bundesverband der Frau im freien Beruf und Management e.V. (B.F.B.M.)**
Bundesgeschäftsstelle
Monheimsallee 21
52062 Aachen
Tel.: 0241/4018458
Fax: 0241/4018463
E-Mail: verband@bfbm.de
Internet: http://www.bfbm.de
Im B.F.B.M. haben sich selbstständig tätige Frauen und Frauen in Führungspositionen aus unterschiedlichen Berufen, Branchen und Nationalitäten zusammengeschlossen, um ein bundesweites Netzwerk aufzubauen.

**Bundesverband Deutscher Unternehmensberater BDU e.V.**
Friedrich-Wilhelm-Str. 2
53113 Bonn
Tel.: 0228/9161-0
Fax: 0228/9161-26
Büro Berlin
Kronprinzendamm 1
10711 Berlin
Tel.: 030/8931070
Fax: 030/8934746
E-Mail: info@bdu.de
Internet: http://www.bdu.de
Der BDU ist der Wirtschafts- und Berufsverband der Management- und Personalberater. Neben der Lobby-Arbeit bietet der Verband eine Fülle praktischer Hilfestellungen. Die Mitgliedschaft ist allerdings nicht so leicht zu erlangen.

**Bundesverband Junger Unternehmer der ASU e.V.**
Reichsstr. 17
14052 Berlin
Tel.: 030/30065-0
Fax: 030/30065-490
Büro Bonn
Schloßallee 10
53179 Bonn
Tel.: 0228/95459-52
Fax: 0228/95459-93
Büro Leipzig
Friedrich-List-Str. 16
04103 Leipzig
Tel.: 0341/96061-66
Fax: 0341/96061-86
E-Mail: info@bju.de
Internet: http://www.bju.de
In Kooperation mit der Gerling Unternehmensgruppe bietet der BJU eine Gründerwerkstatt an. Hierfür können sich Unternehmer bewerben, die in den letzten zwei Jahren gegründet haben oder mit einem ausgearbeiteten Unternehmenskonzept unmittelbar vor Aufnahme der Geschäftstätigkeit stehen. Der Workshop mit Erfahrungsaustausch ist kostenlos.

**Bundesverband mittelständische Wirtschaft, Unternehmerverband Deutschlands e.V. (BVMW)**
Berliner Freiheit 36
53111 Bonn
Tel.: 0228/60477-0
Fax: 0228/60477-50
E-Mail: office@bvmw.com
Internet: http://www.v-s-g.org
Der BVMW organisiert die Kommunikation zwischen Unternehmern und bietet auf Grund eines bundesweiten Netzes von über 160 Geschäftsstellen die individuelle Betreuung durch einen persönlichen Ansprechpartner vor Ort an.

**Deutsche Ausgleichsbank (DtA)**
Wielandstr. 4
53170 Bonn
Tel.: 0228/831-0, Info-Line: 0228/831-2400
Fax: 0228/831-2559
Niederlassung Berlin
Sarrazinstr. 11–15
12159 Berlin
Tel.: 030/85085-0, Info-Line: 030/85085-4110
Fax: 030/85085-299
Internet: http://www.dta.de
Internet: http://www.gruenderzentrum.de
Als Gründerbank des Bundes hat die DtA die Aufgabe, Beratungen und Seminare durchzuführen und ist darüber hinaus mit der konkreten Abwicklung von Förderprogrammen betraut. Zudem gibt es im Internet ein virtuelles Gründerzentrum.

**Der Deutsche Kulturrat e.V.**
Weberstr. 59a
53113 Bonn
Tel.: 0228/20135-0
Fax: 0228/20135-21
E-Mail: post@kulturrat.de
Internet: http://www.kulturrat.de
Der Deutsche Kulturrat ist ein anerkanntes kulturpolitisches Forum für Verbände, Einrichtungen und Experten der Kunst- und Medienberufe, der Kulturwirtschaft, der Kunstwissenschaft, der kulturellen Bildung und der Kulturvermittlung.

**Deutscher Franchise-Verband e.V.**
Paul-Heyse-Str. 33–35
80336 München
Tel: 089/530714-0
Fax: 089/531323
E-Mail: info@dfv-franchise.de
Internet: http://www.dfv-franchise.de

Der Münchener Verband beantwortet alle Fragen zum Thema Franchising.

**Deutscher Industrie- und Handelstag (DIHT)**
Breite Straße 29
10178 Berlin
Tel.: 030/20308-0
Fax: 030/20308-1000
E-Mail: diht@berlin.diht.de
Internet: http://www.diht.de
Der DIHT, die Spitzenorganisation aller 82 deutscher Industrie- und Handelskammern, sieht sich nicht nur als die Vertretung einer bestimmten Gruppe von Unternehmern, sondern als Repräsentant der gesamten gewerblichen Wirtschaft in Deutschland. Hier erhalten Sie auch die Adresse der für Sie zuständigen Industrie- und Handelskammer.

**Deutscher Journalisten-Verband e.V. (DJV)**
Gewerkschaft der Journalistinnen und Journalisten
Bennauerstr. 60
53115 Bonn
Tel.: 0228/20172-0
Fax: 0228/20172-33
E-Mail: djv@djv.de
Internet: http://www.djv.de
Der DJV ist gleichzeitig Gewerkschaft und Berufsverband. Er vertritt die berufs- und medienpolitischen Ziele und Forderungen der hauptberuflichen Journalistinnen und Journalisten aller Medien und bietet freien wie angestellten Journalistinnen und Journalisten Rechtsschutz vor allem bei arbeits-, steuer- und urheberrechtlichen Angelegenheiten.

**Deutscher Verband Berufstätiger Frauen e.V. – BPW Germany**
Angelika Roth, Präsidentin
Ohmstraße 14
90552 Röthenbach

Tel./Fax: 09 11/57 67 25
Internet: http://www.bpw-germany.de
Ein Frauennetzwerk, in dem sich Frauen auf allen Ebenen ihrer beruflichen Laufbahn zusammenfinden.

**Deutsches Gründerinnen Forum e.V.**
c/o Zentrum für Weiterbildung
Barbara Wagner
Trakehnerstr. 5
60487 Frankfurt am Main
Tel.: 0 69/97 07 23 20
E-Mail: g.otto@fua.w4w.net
Internet: http://zfw.de/dgfhome
Das Forum ist ein bundesweites Netz für Informationen, Austausch und Zusammenarbeit von Multiplikatorinnen im Bereich der Existenzgründung.

**Deutsches Patent- und Markenamt (DPMA)**
Zweibrückenstr. 12
80331 München
Tel.: 0 89/21 95-0
Fax: 0 89/21 95-22 21
E-Mail: info@patent-und-markenamt.de
Internet: http://www.dpma.de
Als Zentralbehörde auf dem Gebiet des gewerblichen Rechtsschutzes in Deutschland ist das DPMA für Patente, Gebrauchsmuster, Topographien, Marken und Geschmacksmuster zuständig und bietet Recherchen und Auskünfte auf allen Gebieten der Technik.

**Gesamtverband der Deutschen Versicherungswirtschaft e.V.**
Friedrichstr. 191
10117 Berlin
Tel.: 0 30/20 20-50 00
Fax: 0 30/20 20-60 00/01
E-Mail: info@gdv.de
Internet: http://www.gdv.de

Die vom GDV herausgegebene Broschüre »Versicherungen für Selbstständige. Mehr Sicherheit für Betriebe und Freiberufler« können Sie kostenlos anfordern oder sich im Internet downloaden.

**Gesellschaft für musikalische Aufführungs- und mechanische Vervielfältigungsrechte (GEMA)**
Bayreuther Str. 37
10787 Berlin
Tel.: 030/21245-00
Fax: 030/21245-950
Rosenheimer Str. 11
81667 München
Tel.: 089/48003-00
Fax: 089/48003-969
E-Mail: gema@gema.de
Internet: http://www.gema.de
Als wirtschaftlich bedeutendste und älteste Verwertungsgesellschaft Deutschlands kümmert sich die GEMA um den Schutz der Urheberrechte von Komponisten, Textdichtern und Musikverlegern.

**Institut der deutschen Wirtschaft Köln**
»Deutschland innovativ«
Gustav-Heinemann-Ufer 84–88
50968 Köln
Tel.: 0221/37655-32
Fax: 0221/37655-56
E-Mail: dein@iwkoeln.de
Internet: http://www.deutschland-innovativ.de
Auf der Homepage finden Existenzgründer neben wertvollen Tipps, Informationen und Hilfeleistungen rund um die Gründung und Führung von Unternehmen auch zahlreiche Hinweise zu Existenzgründer-Netzen, -Broschüren, -Leitfäden, -Börsen.

**Kreditanstalt für Wiederaufbau (KfW)**
Palmengartenstr. 5–9
60325 Frankfurt am Main
Tel.: 069/7431-0
Fax: 069/7431-2944, -64355
Tel.: 01801/335577
E-Mail: iz@kfw.de
Internet: http://www.kfw.de
Die KfW stellt der deutschen Wirtschaft zur Finanzierung von Investitionen, Innovationen und Beteiligungen eine Reihe von Förderkreditprogrammen zur Verfügung.

**Künstlersozialkasse (KSK)**
Langeoogstr. 12
26384 Wilhelmshaven
Tel.: 04421/308-0
Fax: 04421/308-206
E-Mail: presse@kuenstlersozialkasse.de
Internet: http://www.kuenstlersozialkasse.de
Das Künstlersozialversicherungsgesetz (KSVG) bietet selbstständigen Künstlern und Publizisten sozialen Schutz in der Renten-, Kranken- und Pflegeversicherung. Ähnlich wie »normale« Arbeitnehmer zahlt diese Gruppe nur eine Hälfte der Versicherungsbeiträge, die andere Beitragshälfte wird durch die KSK getragen.

**RKW Rationalisierungs- und Innovationszentrum der Deutschen Wirtschaft e.V.**
Düsseldorfer Str. 40
65760 Eschborn
Tel.: 06196/495-1
Fax: 06196/495-303
E-Mail: rkw@rkw.de
Internet: http://www.rkw.de
Das RKW ist in die wirtschafts- und technologiepolitischen Maßnahmen des Bundes und der Länder eingebunden und mit der Förderung der Produktivität in Klein- und Mittelbetrieben beauftragt.

**Schöne Aussichten – Verband selbständiger Frauen e.V.**
Gereonshof 36
50670 Köln
Tel.: 0221/1393539
Fax: 0221/1393540
E-Mail: schoene.aussichten@netcologne.de
Internet: http://www.schoene-aussichten.de
Im Mittelpunkt der Verbandsaktivitäten stehen regionale Unternehmerinnen-Treffs. Hier führen Freiberuflerinnen und Unternehmerinnen Fachdiskussionen, tauschen Erfahrungen aus und knüpfen Geschäftsbeziehungen.

**Schutzverein der Franchisenehmer & Lizenzträger e.V.**
Beethovenstr. 8–10
60325 Frankfurt am Main
Tel.: 069/97554302
Fax: 069/97554100
E-Mail: info@franchise-abc.de
Internet: http://www.franchise-abc.de
Der Verein hilft dabei, dass das vertraglich vereinbarte Franchise auch so läuft wie vorgestellt. Außerdem unterstützt er einen dabei, dass von Anfang an die betriebliche Seite stimmt, Kreditfähigkeit und -würdigkeit richtig dargestellt und Fördermittel korrekt beantragt werden.

**Statistisches Bundesamt**
Gustav-Stresemann-Ring 11
65180 Wiesbaden
Tel.: 0611/75-1
Fax: 0611/724000
E-Mail: info@statistik-bund.de
Zweigstelle Bonn
Graurheindorfer Str. 198
53117 Bonn
Tel.: 01888/643-0
Fax: 01888/643-8990/8991

E-Mail: poststelle@statistik-bund.de
Internet: http://www.statistik-bund.de
Das Statistische Bundesamt bietet Ihnen Daten aus allen wichtigen Lebensbereichen. Das Material kann Ihnen in gedruckter Form oder als elektronische Veröffentlichung zur Verfügung gestellt werden.

**Unternehmerverband mittelständische Wirtschaft e.V. (UMW)**
Rizzastr. 41
56068 Koblenz
Tel.: 0261/17164 und 33541
Fax: 0261/17689
E-Mail: umw.maul@t-online.de
Internet: http://www.umw.org
Der UMW vertritt die Interessen von Selbstständigen und mittelständischen Unternehmen aus Handel, Handwerk, Gewerbe sowie allen Bereichen der freien Berufe.

**Verband der Bürgschaftsbanken**
Kapuzinerstr. 8
53111 Bonn
Tel.: 0228/9768886
Fax: 0228/9768882
E-Mail: info@vdb-info.de
Internet: http://www.vdb-info.de
Beim VdB erhalten Sie Adressen der für Sie zuständigen Bürgschaftsbanken oder Kreditgarantiegemeinschaften.

**Verband deutscher Unternehmerinnen e.V. (VdU)**
Gustav-Heinemann-Ufer 94
50968 Köln
Tel.: 0221/375074/75
Fax: 0221/343171
E-Mail: vdu-koeln@t-online.de
Internet: http://www.vdu.de
Der VdU vertritt die Interessen der wachsenden Zahl von mittel-

ständischen Unternehmerinnen. Die differenzierte Mitgliederstruktur ermöglicht einen vielfältigen Erfahrungsaustausch mit Unternehmerinnen aller Branchen und Wirtschaftsbereiche.

**Versorgungswerk der Presse GmbH**
Wilhelmsplatz 8
70182 Stuttgart
Tel.: 0711/2056-0
Fax: 0711/2056-121
E-Mail: presse-versorgung@t-online.de
Internet: http://www.presse-versorgung.de
Bei der Presse-Versorgung werden nicht nur Redakteurinnen und Redakteure versichert, sie steht auch vielen anderen Berufen im Medien- und Kommunikationsbereich offen.

**Verwertungsgesellschaft Bild-Kunst (VG Bild-Kunst)**
Weberstr. 61
53113 Bonn
Tel.: 0228/91534-0
Fax: 0228/91534-39
Köthener Str. 44
10963 Berlin
Tel.: 030/26122751
Fax: 030/2613879
E-Mail: info@bildkunst.de
Internet: http://www.bildkunst.de
Die VG Bild-Kunst ist die Urheberrechtsorganisation der deutschen Künstler, Fotografen und Filmurheber.

**Verwertungsgesellschaft WORT (VG Wort)**
Goethestr. 49
80336 München
Tel.: 089/51412-0
Fax: 089/51412-58
Internet: http://www.vgwort.de
Die VG Wort ist ein Zusammenschluss von Autoren und Verlagen,

der Tantiemen aus Zweitnutzungsrechten einnimmt und weitergibt.

**Zentralverband des Deutschen Handwerks (ZDH)**
Mohrenstr. 20/21
10117 Berlin
Tel.: 030/20619-0
Fax: 030/20619-460
E-Mail: info@zdh.de
Internet: http://www.zdh.de
Beim ZDH erhalten Sie die Adresse der für Sie zuständigen Handwerkskammer.

## Weitere nützliche Internet-Adressen

http://www.bmwi.de/existenzgruendung.html
http://www.chance-online.de
http://www.existenzgruender-netzwerk.de
http://www.existenzgruenderpool.de
http://focus.de/existenzgruendung
http://www.franchise-net.de
http://www.go-online.nrw.de
http://www.gruender.net
http://www.gruenderlinx.de
http://www.gruenderstadt.de
http://www.gruenderzeit.de
http://www. lfa.de/lfa
http://www.nebenjob.de
http://www.stern.de/startup